WOLF
ENBÜ
TTEL
INSIDER-TIPP
Deine Abkürzung ins Erleben!
Reisen mit MARCO POLO Insider-Tipps

MARCO POLO TOP-HIGHLIGHTS

SCHLOSS WOLFENBÜTTEL ★ 1

Die Welfen fanden es schön hier und wer will es ihnen verdenken? Ein Besuch im Schloss Museum versetzt dich in die Zeit, in der hier gelebt, geliebt und Audienz gehalten wurde. Ein absolutes Muss! (Foto)

➤ S. 26

HERZOG AUGUST BIBLIOTHEK ★ 2

Im 17. Jh. beherbergte die HAB die größte europäische Büchersammlung – heute ist sie eine moderne Forschungsbibliothek mit ca. 1 Million Bänden und immer noch schwer beeindruckend.

📷 *Tipp: Reite den Löwen! Vom Rücken der Wildkatze rechts neben der Freitreppe am Eingang hast du Löwenkopf, Park und Schlossturm im Bild.*

➤ S. 29

BÜRGER MUSEUM ★ 3

Ein Museum von Wolfenbüttelern für Wolfenbütteler – und für dich! Fundstücke aus verschiedenen Epochen und interaktive Schautafeln erzählen dir die Geschichte der Stadt aus Sicht ihrer Bewohner.

➤ S. 29

LESSINGHAUS ★ 4

Die berühmte Ringparabel aus „Nathan der Weise" kennst du bestimmt noch aus Schulzeiten. Das Literaturmuseum in Gotthold Ephraim Lessings Wohnhaus schickt dich auf die Spuren des Aufklärers.

📷 *Tipp: Ein Selfie mit Nathan machen und an deinen ehemaligen Deutschlehrer schicken*

➤ S. 28

HAUPTKIRCHE BMV UND WELFENGRUFT 5

Die für Wolfenbüttel wirklich riesige Kirche ist innen wie außen ein spannendes Bauwerk. In der Gruft im Untergeschoss liegt das Who's who der Welfenherzöge bestattet.

➤ S. 37

KLEIN VENEDIG 6

Warum in die Ferne schweifen? Romantische Grachten gibt es auch in Wolfenbüttel! Zwar ohne Gondeln, dafür aber mit Kanus und Okerpiraten.

Tipp: Ein klassischer Pärchenfoto-Spot! Ein Teleskop-Stick hilft dir dabei, den richtigen Winkel zu finden.

➤ S. 31

JÄGERMEISTER 7

Wie wird das berühmteste Exportgut der Stadt eigentlich produziert? Eine Führung hinter den Kulissen verschafft dir spannende Einblicke. Das Rezept bleibt natürlich geheim!

➤ S. 39

GEDENKSTÄTTE IN DER JVA WOLFENBÜTTEL 8

Die hervorragend aufbereitete Sammlung rund um das Thema „Justiz im Nationalsozialismus" gehört definitiv auf deine Agenda. Erinnerungskultur am historischen Ort.

➤ S. 34

LESSINGTHEATER 9

In dem wunderschönen Jugendstiltheater fühlen sich große Ensembles wie zu Hause. Gibt es Tickets? Dann schlage zu!

Tipp: Vom ersten Rang seitlich vorne stehend, bietet sich eine schöne Perspektive in den Zuschauerraum.

➤ S. 69

TILL EULENSPIEGEL RADWEG 10

Andere Städte schmücken sich mit ihm, geboren wurde der Schalk aber in der Nähe von Wolfenbüttel. Folge der Narrenkappe!

Tipp: Ein Foto mit Till gibt's in Kneitlingen.

➤ S. 96

INHALT

⏱	Besuch planen	☂	Bei Regen
€-€€€	Preiskategorien	🐷	Low-Budget
(*)	Kostenpflichtige Telefonnummer		Mit Kindern
		⚑	Typisch

(🗺 A2) Herausnehmbare Faltkarte
(0) Außerhalb des Faltkartenausschnitts

DAS BESTE ZUERST

Fachwerkgesäumte Grachten in Klein Venedig

BEST OF BEI REGEN

SCHÖN, AUCH WENN ES REGNET

OBEN MIT UND OHNE
Das flexible Cabriodach auf dem *Stadtbad Okeraue* ist eine praktische Sache bei Regen oder wenn sich die Wetterfrösche mal wieder nicht ganz einig sind. Wenn es draußen ungemütlich ist, tut ein Besuch im Saunabereich besonders gut.
➤ S. 84

SONNE VON INNEN
Eine Führung bei *Jägermeister* (Foto) sorgt für gute Laune. Hier erfährst du, wie der Kräuterlikör aus einer kleinen Essigfabrik zu einem der beliebtesten Partygetränke der Welt wurde. Anschließend versorgst du dich im Jägermeister-Shop in der Tourist-Information mit Mitbringseln.
➤ S. 39, 100

KOMM SPORT CENTER
Tennis, Squash oder Kegeln – im *KOMM Sport Center* kommst du auch an Regentagen ins Schwitzen! Der Saunabereich ist nach dem Training kostenfrei und für Stärkung sorgt das hauseigene Restaurant.
➤ S. 85

EINMAL ENTSPANNEN BITTE!
In Wolfenbüttel gibt es eine besonders große Auswahl an guten Kosmetik- und Massagesalons. Wie wäre es mit einem Besuch im Day-Spa des *Atelier de beauté*? Oder doch lieber zur Thai-Massage? Dein Urlaub, deine Entscheidung!
➤ S. 85

STAUNEN UND SCHMÖKERN
Wer in einer der großen Bibliotheken der Welt von Wolfenbüttel spricht, wird ein anerkennendes *„Oh, die Herzog August Bibliothek!"* hören. Nimm an einer Führung teil oder begib dich in den Lesesaal: 1 Million Bände – bis du damit durch bist, hat sich der Regen garantiert verzogen!
➤ S. 29

BEST OF LOW-BUDGET

FÜR DEN KLEINEN GELDBEUTEL

STADTGESCHICHTE(N)

Im *Bürger Museum* (Foto) erzählen dir einzigartige Exponate aus einheimischen Kellern und Stadtarchiven, wie Wolfenbüttel zu der Stadt wurde, die du heute besuchst. Die Ausstellung verändert sich ständig und der Eintritt ist kostenfrei!

➤ S. 29

GÜNSTIG RUHEN

Im *Jugendgästehaus* im Seeliger Park fühlen sich Gäste jeden Alters pudelwohl. Klassisch-modernes Jugendherbergsfeeling gibt's in den Standardzimmern, für mehr Komfort sorgt die Premiumkategorie.

➤ S. 88

WIE EIN KURZER ASIENTRIP

Lecker und frisch asiatisch essen zum fairen Preis – ein Besuch im *Hongkong Bistro* macht Bauch, Seele und Geldbörse glücklich und lohnt sich auch für Vegetarier. Du kannst drinnen und draußen gut sitzen und das Gericht deiner Wahl in Ruhe genießen!

➤ S. 52

LESSIG LERNEN

Statt drögen Geschichtsunterrichts bietet dir das multimediale Angebot Lessing lebt! 360°-Videos und spannende Hintergrundinfos zu Lessings Zeit in Wolfenbüttel. *Lessing lebt!* ist kostenfrei in der Wolfenbüttel-App verfügbar.

➤ S. 101

FITNESS FOR FREE

Wenn du dein Fitnessstudio vermisst, findest du im Generationenpark in den Wallanlagen eine urlaubstaugliche Frischluftalternative. Crosstrainer, Reck oder Slackline – 11 Fitnessgeräte warten auf dich und deine Motivation!

➤ S. 85

BEST OF MIT KINDERN

SPANNENDES FÜR GROSS & KLEIN

AHA! AHA! AHA!

Spannende Entdeckerstationen zu alltäglichen und wissenschaftlichen Themen sorgen im *AHA-ERLEBNIS-museum* für viel Spaß und neues Wissen – nicht nur kleinen Besuchern wird hier das eine oder andere Licht aufgehen!

➤ S. 41

ZEIT FÜR EIS

Jeder Ausflug braucht ein Ziel! Der familienfreundliche *Eissalon EISZEIT* 1986 liegt etwas außerhalb des Stadtzentrums und eignet sich perfekt für eine Nachmittagstour mit dem Fahrrad. Für fleißige Strampler gibt's dann auch mal eine Kugel mehr …

➤ S. 50

GANZ UNGEFÄHRLICH

Auf dem 2,5 km langen LÖWE-Naturerlebnispfad im Lechlumer Holz warten zwar keine afrikanischen Raubkatzen auf Nachwuchsentdecker, dafür aber allerlei Lern-, Spiel- und Kletterstationen. Kleiner Tipp: Picknick nicht vergessen!

➤ S. 43

RAUS INS GRÜNE

Rund um den Stadtgraben und die Wallanlagen gibt es jede Menge zu erleben und wunderbare Rasenflächen, die zum Picknick oder auch einfach nur zum Relaxen einladen. Und wenn du genug entspannt hast: Wie wäre es danach mit einer Runde Erlebnisgolf am Stadtbad?

➤ S. 36, 84

AHOI!

Wenn die Füße müde sind, dürfen die Arme ran: Bei einer Kanutour (Foto) auf der Oker erkundet ihr die Stadt und ihre Umgebung vom Wasser aus. Schwimmweste anziehen, an die Paddel, fertig, los!

➤ S. 84, 95

BEST OF

TYPISCH

DAS ERLEBST DU NUR HIER

HÜBSCH, HÜBSCHER, WOLFENBÜTTEL

Ein Anblick für Postkarten! Früher wie heute präsentier(t)en Händler in den *Krambuden* ihre Waren. Kluge Inschriften wie „Geh deinen Weg und laß die Leute reden" sorgen für Glückskeksfeeling. Findest du sie?

➤ S. 31

OHNE GEHT NICHT

Samstags zum Markt und danach zu „Theo" – die urige Kneipe in der Fußgängerzone heißt eigentlich *Alt Wolfenbüttel*, aber das sagt keiner. Bier vom Fass, kleine Snacks und mit den Leuten am Nebentisch quatschen. So geht gemütlich!

➤ S. 66

WETTWERFEN

Ein Frisbee hin- und herzuwerfen ist dir zu langweilig? Dann beweise, was in dir steckt. Beim *Discgolf im Seeliger Park* geht es um Treffsicherheit und um Punkte. Handgelenk locker machen und los!

➤ S. 85

ES GRÜNT SO GRÜN

Wolfenbüttel wird auch die „Gärtnerstadt" genannt – da gehört ein *Gärtnermuseum* (Foto) natürlich dazu. Alte Maschinen und Dokumente erzählen von 300 Jahren Gartenbau in Wolfenbüttel. Wichtig: vor dem Besuch die Öffnungszeiten checken!

➤ S. 43

HIN UND WEG

Die *Tourist-Info* ist die zentrale Anlaufstelle für Fragen zu deinem Urlaub in Wolfenbüttel! Ohne Souvenirs nach Hause? Ganz schlechte Idee! Neben Postkarten, Wolfenbüttel-Tassen und -Taschen gibt es hier auch Jägermeister-Devotionalien. Da wirst du garantiert auch für die etwas anspruchsvolleren Daheimgebliebenen fündig.

➤ S. 100

SO TICKT WOLFEN-BÜTTEL

Das Gärtnerdenkmal beweist: Wolfenbüttel ist Gärtnerstadt

ENTDECKE WOLFENBÜTTEL

Bummeln mit besonderem Flair in der Langen Herzogstraße

Lessing, Fachwerk, Jägermeister – die Schlagworte, mit denen sich Wolfenbüttel selbst beschreibt, versprechen eine ungewöhnliche Mischung an Sehenswürdigkeiten und Geschichten und sind doch nur die halbe Wahrheit. In der Okerstadt erwarten dich außerdem: eine der berühmtesten Bibliotheken der Welt, ein Welfenschloss, zwei riesige Kirchen, romantische Grachten mit Piraten, ein Gärtnermuseum und ein Käseautomat.

1000 UND EINS ODER ZWEI ODER ...

Über 1000 Fachwerkhäuser gibt es in Wolfenbüttel! Kaum zu glauben, doch die Altstadt Wolfenbüttels befindet sich bautechnisch quasi auf dem Stand des 18. Jh. Hinter den schmucken Fassaden verbirgt sich die Geschichte einer Stadt,

- **1118** „Wulferusbutle" wird erstmals urkundlich erwähnt
- **1430** Wolfenbüttel wird Residenzstadt, der Hof zu Braunschweig-Lüneburg verlegt seinen Sitz hierher
- **1570** Wolfenbüttel erhält das Marktrecht
- **1572** Gründung der „Bibliotheca Augusta"
- **1585** In Wolfenbüttel findet der erste Weihnachtsmarkt statt
- **1624** Die Hauptkirche BMV wird fertig

die zu Glanz und Gloria kam, unsanft zurückgelassen wurde und sich schließlich aus eigener Kraft zu neuer Blüte erhob.

WELFENGLANZ UND WELTENRUHM

Um 1430 verlegten die Welfenherzöge von Braunschweig-Lüneburg ihre Residenz nach Wolfenbüttel und veränderten damit den Lauf der Geschichte für das bis dahin sehr unbedeutende Städtchen am Fluss Oker. Für den Anfang reicht es, wenn du drei Namen parat hast: Heinrich, Julius und August. Ihre größten Verdienste in Kürze: Herzog Heinrich der Jüngere begann schon Ende des 13. Jh. mit dem Ausbau Wolfenbüttels zur Residenzstadt. Herzog Julius ließ im 16. Jh. durch den Niederländer Hans Vredeman de Vries in der Stadt ein Grachtensystem anlegen und gönnte sich einen eigenen Stadtteil, der jedoch unvollendet blieb. Herzog Heinrich Julius baute die Innenstadt im Renaissancestil aus und errichtete die Hauptkirche BMV – den ersten protestantischen Großkirchenbau nördlich der Alpen. Das besonders ästhetische Stadtbild, wie du es heute noch sehen kannst, ist vor allem ihm zu verdanken. Leider wurde er auch als besonders eifriger Hexenverbrenner berühmt – mehr als 50 Menschen wurden während seiner Regentschaft verbrannt.

Man scheute sich nicht, groß zu denken in Wolfenbüttel, und so schuf Herzog August der Jüngere mit der Bibliotheca Augusta eine der berühmtesten Bibliotheken der Welt. Rom, Wien, Wolfenbüttel – in dieser Reihenfolge nannte man

1753/54 Markteinführung des Kräuterlikörs Jägermeister

1771 Gotthold Ephraim Lessing tritt seine Stelle als Hofbibliothekar an

1776 Verlegung des Hofes nach Braunschweig

1958 Vorstellung des KUBA-Tonmöbels Komet

2018 Wolfenbüttel feiert 900 Jahre Stadtjubiläum

2029 Lessings 300. Geburtstag – die Party wird bereits geplant

für lange Zeit die bedeutendsten Bibliotheken dieser Erde. Heute umfasst die Herzog August Bibliothek ca. 1 Million Bände und ist als wichtige Forschungseinrichtung bekannt, hauptsächlich wegen ihres bedeutenden Altbestands aus dem Mittelalter und der Frühen Neuzeit.

VON LUMPENBÜTTEL ZUM SCHMUCKSTÜCK

Als der herzogliche Hof Wolfenbüttel Ende des 18 Jh. den Rücken kehrte und nach Braunschweig zog, war es vorbei mit Glanz und Gloria. Gebäude verfielen, Menschen wurden arbeitslos, in den Okerkanälen stauten sich Unrat und Fäkalien – der Beiname „Lumpenbüttel" war in aller Munde. Dass du heute mit dem Kanu durch die Innenstadt paddeln kannst, verdankst du dem Einsatz der Wolfenbütteler Bürger, denn schon bald reichte es ihnen und sie initiierten eine Großsanierung, in deren Verlauf die Oker teilweise umgeleitet und überbaut wurde. Aus Lumpenbüttel wurde eine hübsche, saubere Stadt mit deutlich verbessertem Geruchsklima. Dass Wolfenbüttel über die Jahrhunderte generell nur sehr wenig von Zerstörung und Belagerung betroffen war, lag an der militärischen Bedeutung als strategisch wichtige Festungsstadt. Davon erzählen dir heute noch die Wallanlagen rund um den Stadtgraben.
Während der Industrialisierung im 19. Jh. prägte vor allem der Bergbau die Region. Wer sich nicht unter Tage verdingte, arbeitete oft in einem der unzähligen landwirtschaftlichen Betriebe, die Wolfenbüttel einen weiteren Beinamen einbrachten: Gärtnerstadt. Nachdem die Stadt im Zweiten Weltkrieg fast unversehrt geblieben war, schnupperte man hier wieder den Duft der großen weiten Welt: Aus den Fässern der MAST-JÄGERMEISTER SE trat der Kräuterlikör Jägermeister zum Siegeszug an, der heute den Status eines Kultgetränks erreicht hat, und KUBA-Tonmöbel (ja, so hieß das damals!) brachten in den 60er-Jahren Musik und Entertainment in die Wohnzimmer der Schönen und Reichen.

NEUN MINUTEN ZUM GLÜCK

Mit der deutsch-deutschen Wiedervereinigung rückte Wolfenbüttel schlagartig vom Ende der westlichen Welt in die Mitte Europas. Seitdem ist es hier noch schöner geworden, mitten in der Stadt erwarten dich grüne Oasen, das touristische Angebot wird stetig ausgeweitet, die verbesserte Infrastruktur für Radfahrer wurde mit einem Mobilitätspreis gekrönt. Nur neun Minuten dauert die Zugfahrt von Braunschweig nach Wolfenbüttel und schon bist du mittendrin in der Stadt, die durchaus das Potenzial zum Lieblingsziel hat. Du verlässt den Bahnhof und statt Trubel und Getöse umgibt dich der Seeliger Park mit sattem Grün, sanftem Wasserplätschern und Vogelgezwitscher. Das ist Wolfenbüttel – wer eine Metropole erwartet, wird enttäuscht sein, aber das Gute ist: Das erwartet hier keiner! Als selbstbewusster Underdog vergleicht sich Wolfenbüttel erst gar nicht mit den Tourismus-Hotspots der Welt, sondern vertraut ganz entspannt auf die eigenen Werte. Gut so!

AUF EINEN BLICK

CA. 53 000

EINWOHNER

im Jahr 2020. Nicht zu groß und nicht zu klein!

32,5 MIO. DM

kostete das Evangeliar Heinrichs des Löwen die Stadt (kann in der Herzog August Bibliothek besichtigt werden).

185,90 Hektar

Erholungsflächen

Hier findet jeder ein ruhiges Plätzchen zum Relaxen!

50 000

Liter Alkohol

stellte Jägermeister 2020 zur Herstellung von Desinfektionsmittel zur Verfügung.

8 TAGE

verbrachte Giacomo Casanova 1764 in Wolfenbüttel. Angeblich die schönste Woche seines Lebens!

FACHWERKHÄUSER

1000

Die Wolfenbütteler Altstadt ist nahezu auf dem baulichen Stand des 18. Jahrhunderts.

EIS-MANUFAKTUREN

6

Kann sich sehen lassen!

ZWEITGRÖSSTES SCHLOSS NIEDERSACHSENS

Größer ist nur das Leineschloss in Hannover.

GRÖSSTE BIBLIOTHEKS-ROTUNDE

nördlich der Alpen. Zumindest im 17. Jh. – steht heute leider nicht mehr.

2,20 METER

misst das schmalste Haus der Stadt zur Straßenseite.

ERSTE DEUTSCHE ZEITUNG

1609 ERSCHIEN „AVISO" IN WOLFENBÜTTEL.

WOLFEN-BÜTTEL VERSTEHEN

PROMI-HOTSPOT

Im Laufe der Jahrhunderte lernte so mancher Auswärtige die Vorzüge der Okerstadt zu schätzen. Allen voran Gotthold Ephraim Lessing (1729–1781), von dem man ob seiner Präsenz in Wolfenbüttel denken könnte, er sei so etwas wie der berühmteste Sohn der Stadt. Tatsächlich verbrachte er nur die letzten elf Jahre seines Lebens hier. 1770 kam Lessing aus Hamburg an die Oker, um in der Herzog August Bibliothek als Bibliothekar zu arbeiten. Er lebte zunächst im Schloss, später im Meißnerhaus und zuletzt im heutigen Lessinghaus. Dort schrieb er sein berühmtestes Drama „Nathan der Weise" und das bürgerliche Trauerspiel „Emilia Galotti". Es waren also elf bedeutende Jahre im Leben des Aufklärers; einen umfassenden Einblick erhältst du bei einem Besuch im Literaturmuseum. Mit dem Lessingfestival und dem Multimediaprojekt Lessing lebt! feiert die Stadt ihren berühmten Adoptivsohn ein Vierteljahrtausend nach dessen Tod auf ganz moderne Art und Weise.

Die Musik spielte eine große Rolle am Wolfenbütteler Hof und so kam es, dass der talentierte Michael Praetorius (1571–1621, eigentlich Michael Schulteis) von Herzog Heinrich Julius zunächst zum Kammerorganisten und ab 1604 zum Hofkapellmeister ernannt wurde. Seine Anstellung als Privatmusikus war für MPC, wie er sich selbst nannte (Michael Praetorius aus Creuzburg), Beruf und Berufung zugleich, die Bezahlung stimmte ebenfalls und so konnte er sich 1612 ein stattliches Wohnhaus am Großen Zimmerhof bauen lassen. Praetorius hinterließ der Welt jede Menge Kirchenkompositionen, aber auch weltliche Tänze, wie sie im Frühbarock in Mode waren. Außerdem schuf er einen vierstimmigen Chorsatz des berühmten Weihnachtsliedes *„Es ist ein Ros' entsprungen"* und verpasste ihm zusätzlich die heute bekannte Textfassung der zweiten Strophe.

Gottfried Wilhelm Leibniz (1646–1716) war nicht nur Namenspatron für einen Butterkeks, sondern gilt als einer der letzten bedeutenden Universalgelehrten und als Vordenker der Aufklärung. Eigentlich war Leibniz beim Herzog in Hannover angestellt, 1691 übernahm er zusätzlich die Leitung der Herzog August Bibliothek in Wolfenbüttel. Dort erfand er das binäre System, das aus Einsen und Nullen besteht – heute ein Grundpfeiler der Computertechnologie! Die nach ihm benannten Kekse gibt's im Bahlsen-Outlet in Ohrum (und in jedem Supermarkt).

Einige Fragezeichen ranken sich um den Besuch von Giacomo Casanova (1725–1798) im Jahr 1764. Für acht Tage logierte der italienische Lebemann und Frauenversteher im Gasthaus Kron von Spanien, studierte in der Herzog August Bibliothek, übersetzte eine Schrift und verschwand

Wertvolle Buchschätze ohne Ende in der Herzog August Bibliothek

wieder. Später bezeichnete er die Zeit in Wolfenbüttel als „die schönste Woche seines Lebens". Über sein Verhältnis zur Wolfenbütteler Damenwelt ist nichts bekannt.

Als der vielleicht erste echte Feriengast und Begründer des Tourismus in Wolfenbüttel gilt Wilhelm Busch (1832–1908). Der Dichter, Humorist, Zeichner und Maler besuchte 30 Jahre in Folge seinen Bruder Gustav, der in Wolfenbüttel eine Konservenfabrik betrieb. 2016 kam er als Statue wieder und steht heute vor dem Bürger Museum.

MIT 56 KRÄUTERN UM DIE WELT

„Wolfenbüttel, woher kennt man das noch mal?", „Jägermeister!", „Ach ja!" – so oder so ähnlich könnte ein Gespräch ablaufen, sollte zufällig der Name der Stadt unter (trinkfesten) Nichtortskundigen fallen. Und tatsächlich: Der Erfolg des beliebten Kräuterlikörs ist untrennbar mit der jüngeren Geschichte Wolfenbüttels verbunden und böte eine gute Story line für einen Film im öffentlich-rechtlichen Fernsehen: Alles begann in den 1930er-Jahren, als Curt Mast, der Sohn eines Wolfenbütteler Essigfabrikanten, ein Rezept erfand, das nach einigem Ausprobieren in dem Getränk mündete, das du heute in über 140 Ländern der Welt kaufen kannst. Die Zutaten: 56 Kräuter, Wurzeln und Früchte, Wasser, Zucker und 35 Vol.-% Alkohol. Der Jägermeister avancierte in kurzer Zeit zum Kultgetränk und die (heutige) MAST-JÄGERMEISTER SE sah

den Nationalsozialismus, die Mauer und Anfang der 2000er die Alkopops kommen und gehen und wurde zu einem der erfolgreichsten deutschen Familienunternehmen. Ob Curt Mast keinen Essig mochte oder einfach nur ein Riesen-Kräuterfan war, ist übrigens nicht überliefert – Mühe gegeben hat er sich jedenfalls, denn die Rezeptur ist bis heute gleich geblieben.

Auch der ikonische Hirsch, der die Flasche ziert, hat schon einiges erlebt: Als sein Kopf 1973 die Trikots der Fußballmannschaft von Eintracht Braunschweig zierte und Jägermeister damit zum allerersten Trikotsponsor der Bundesliga wurde, war der Aufschrei groß: Man befürchtete den Ausverkauf des deutschen Fußballs (und lag damit rückblickend betrachtet gar nicht so falsch). Möglich war das Ganze nur dank eines Tricks, denn Trikotwerbung war damals noch verboten: Der Verein hatte kurzerhand das eigene Logo gegen das Jägermeister-Emblem ersetzt – gegen eine anständige Gegenleistung, versteht sich.

Heute ist der Jägermeister-Kult größer denn je und die grüne Glasflasche ein gern gesehener Gast auf jeder Party. Es gibt sie in unterschiedlichsten Größen, echte Fans besitzen Jägermeister-Hüte, Jägermeister-Pullis und Jägermeister-Badelatschen. Nach wie

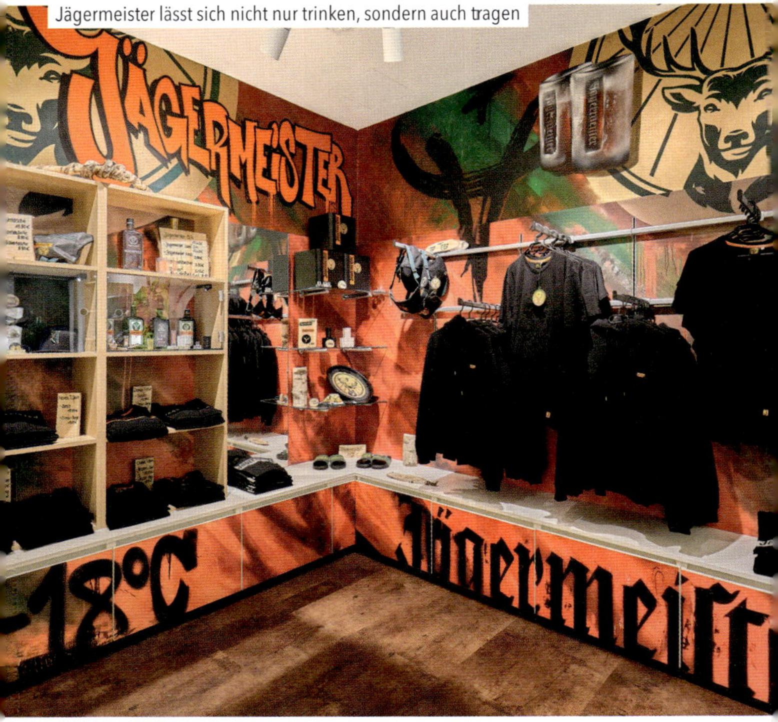

Jägermeister lässt sich nicht nur trinken, sondern auch tragen

vor wird der Kräuterlikör ausschließlich in Wolfenbüttel von der MAST-JÄGERMEISTER SE produziert; abgefüllt wird aber auch in Bernbruch bei Kamenz (übrigens Lessings Geburtsstadt). Auch außerhalb von Deutschland ist das Getränk äußerst beliebt: Über 80 Prozent des Gesamtumsatzes werden heute im Ausland erzielt.

SCHÖNE UNBEKANNTE

Hinter der Wolfenbütteler Stadtgrenze erwartet dich eine Region, von der du wahrscheinlich noch nie gehört hast, in die du dich aber verlieben könntest: das Nördliche Harzvorland. Kelten- und Römerfunde beweisen, dass zwischen den grünen Höhenzügen Elm und Asse schon früh Betrieb herrschte, im Mittelalter führte eine wichtige Handelsstraße durch den Vorharz. Dann passierte erst mal nicht so viel: Ein paar Könige residierten hier, sonst war das Leben relativ ruhig. Als im 19. Jh. riesige Eisenerzvorkommen gefunden wurden, wurde es geschäftig: Der Abbau unter Tage und alles, was damit einherging, trieben die Industrialisierung in der Region massiv voran. Zeugen dieser Zeit findest du heute an vielen Orten. Wenn du auf Industriekultur stehst, könntest du fast in Sightseeingstress geraten! Sonst geht es hier aber ganz gemütlich zu. Mit dem Fahrrad geht es auf die Spuren Till Eulenspiegels, der hier (vielleicht) geboren wurde, ein Abstecher zum Heerter See macht Vogelfans glücklich, am Salzgittersee kommen Wasserratten auf ihre Kosten, leckere Souvenirs gibt's in den Hofläden. Ausflugsmodus an und los!

KLISCHEE KISTE

STOLZE GÄRTNER

Wolfenbüttel gilt als „Gärtnerstadt", dabei gibt es nur drei Gärtnereibetriebe. Woher der Name? Als 1776 der Hof nach Braunschweig zog, blieben viele Freiflächen zurück, die fortan zum gewerblichen Anbau von Obst und Gemüse genutzt wurden. Bis Mitte des 20. Jh. zählte man mehr als 160 Gärtnerbetriebe! Auch wenn davon nur noch eine knappe Handvoll übrig ist, sind die Wolfenbütteler sehr stolz auf diese Tradition und was anderswo erst wiederentdeckt wird, ist hier ganz normal: Lebensmittel kauft man lokal!

QUO VADIS FUSSBALLFAN?

Wenn die eigene Stadt keine Topmannschaft besitzt, schenken Fans ihr Herz meist einem Verein in der Nähe. Zu wem hält man in Wolfenbüttel? Braunschweig liegt um die Ecke, doch die Eintracht kämpft seit Jahren um den Verbleib in den hohen Klassen. Mehr Anlass zum Jubeln gibt's in Hannover – die 96er spielen in der zweiten Bundesliga. Doch Braunschweig gilt als die Wiege des deutschen Fußballs: 1874 erklärte der Lehrer Konrad Koch seinen Schülern das Spiel. Und weil Fußball viel mit Tradition zu tun hat (und der Zug zum Braunschweiger Hbf. nur 9 Min. braucht), ist klar: In Wolfenbüttel regiert Blau-Gelb!

SIGHT SEEING

„Wolfenbüttel? Tolle Stadt – da will ich unbedingt wieder hin!" Wenn du dich noch nie mit Wolfenbüttel beschäftigt hast und jemanden triffst, der schon einmal da war, fragst du dich vielleicht, ob die Begeisterung nicht ein wenig übertrieben ist.
Ist sie nicht, denn hier gibt es tatsächlich jede Menge zu sehen! Über 1000 Fachwerkhäuser stehen in Wolfenbüttel, davon alleine 600 in der Altstadt. Die besteht aus den Quartieren Heinrichstadt, Auguststadt und Juliusstadt und jeder Stadtteil bringt seine eigene(n) Geschichte(n) und Identität mit sich. Erzählen lässt du dir die am bes-

Wer Fachwerk mag, wird Wolfenbüttel lieben

ten im Rahmen einer Stadtführung! In Wolfenbüttel findest du dich schnell zurecht und so bleibt dir jede Menge Zeit, um Neues zu entdecken. Ob du auf Lessings Spuren wandelst oder dich mit den Welfenherzögen vertraut machst, ob du das Jägermeister-Werk besichtigst oder lieber in der Herzog August Bibliothek alte Schmöker wälzt, ob du dich am Okerufer im Discgolf versuchst oder stundenlang altes Fachwerk bestaunst – die Agenda bestimmst du. Sicher ist nur, dass am Ende deines Besuchs eine Erkenntnis stehen wird: „Wolfenbüttel? Tolle Stadt!"

DIE STADTVIERTEL IM ÜBERBLICK

MARCO POLO HIGHLIGHTS

★ SCHLOSS WOLFENBÜTTEL UND SCHLOSS MUSEUM
Die Welfenherzöge ließen es sich gut gehen – das schmucke Stadtschloss ist nicht zu übersehen! ➤ S. 26

★ LESSINGHAUS UND LITERATURMUSEUM
Lessings Wohnhaus ist heute als Museum der Literatur gewidmet ➤ S. 28

★ HERZOG AUGUST BIBLIOTHEK
Oxford, Rom, Wolfenbüttel – die Bibliotheca Augusta ist weltberühmt! ➤ S. 29

★ BÜRGER MUSEUM
Wolfenbüttel packt aus: Stadtgeschichte zum Anfassen mit privaten Exponaten aus den Kellern der Einwohner ➤ S. 29

★ HAUPTKIRCHE BEATAE MARIAE VIRGINIS UND WELFENGRUFT
Eine riesige Kirche für Wolfenbüttel. In der Gruft liegen Herzöge in steinernen Särgen ➤ S. 37

★ GEDENKSTÄTTE IN DER JVA WOLFENBÜTTEL
Eindrückliche, moderne Ausstellung zur Geschichte der NS-Justiz an historischer Stätte ➤ S. 34

★ STADTMARKT
Bunte Fachwerkhäuser, Cafés und Enten – einfach hübsch! ➤ S. 32

★ JÄGERMEISTER
Der berühmteste Hirsch nach Bambi kommt aus Wolfenbüttel ➤ S. 39

★ AHA-ERLEBNISMUSEUM
Mitmachmuseum für Groß und Klein. Sorgt für Aha- und Oho-Momente! ➤ S. 41

INNENSTADT

Willkommen in Wolfenbüttel City! In der *Heinrichstadt* befinden sich die meisten Sehenswürdigkeiten und hier kannst du locker mehrere Tage verbringen.

Benannt ist das Quartier nach dem Welfen-Herzog Heinrich II., auf den die Entwicklung und Bebauung des größtenteils erhaltenen Stadtkerns zurückgehen. Der bauliche Stand entspricht heute in etwa dem des 18. Jh. Zwischen die imposanten Bürgerhäuser schmiegen sich kleine verwinkelte Gebäude, in denen früher das „einfache Volk" lebte. Heute macht genau diese Mischung den Charme der Altstadt aus!

1 SCHLOSSPLATZ

Stell dich in die Mitte des Platzes und lass deinen Blick einmal rundum schweifen. Hier schlägt das Herz der Stadt und einige der wichtigsten und schönsten Gebäude hast du jetzt schon im Blick – allen voran das wunderschöne Welfenschloss, das du als Nächstes von innen besichtigen solltest. Ringsum befinden sich jede Menge Sehenswürdigkeiten und die wichtigsten Museen der Stadt. Der Schlossplatz selbst wurde vor wenigen Jahren renoviert und neu gestaltet.

Bus Schlossplatz | *G5*

WOHIN ZUERST?

Zum **Schlossplatz** *(G5)*! Hier verschaffst du dir einen ersten Überblick, bevor du das *Welfenschloss* von innen besichtigst. Nach der (sehr angenehmen) Pflicht hast du die Wahl – direkt ins nächste Museum, zum Stadtbummel oder für ein Päuschen an die Oker? Du reist mit dem Zug an? Der Bahnhof liegt südlich des Stadtzentrums – nach einem kurzen Spaziergang durch den *Seeliger Park* bist du mittendrin! Parken kannst du teilweise kostenfrei, z. B. auf dem *Parkplatz am Forum*.

2 SCHLOSS WOLFENBÜTTEL UND SCHLOSS MUSEUM ★

Reise in den Süden: Du betrittst den Innenhof des Schlosses und fühlst dich zwischen den sanften Torbögen wie in Bella Italia. Kaum zu glauben:

Wolfenbütteler Schloss, ein feines Zeugnis des Barock

Das hübsche Barockschloss war einst eine unscheinbare Wasserburg im Fachwerkstil – erbaut 1283 von Herzog Heinrich dem Wunderlichen. 1432 übernahmen die Welfenherzöge und bauten die Residenz mehrfach nach ihren Wünschen um. Eine so kulturreiche Stadt wie Wolfenbüttel brauchte schließlich ein ordentliches Schloss! Doch Achtung, hier ist nicht alles echt: Sieh dir die Fenster im Obergeschoss genauer an. Entdeckst du, wo hier getrickst wurde? Schloss Wolfenbüttel ist heute das zweitgrößte in Niedersachsen und innen wie außen tipptopp erhalten. Die zwischen 1690 und 1740 gestalteten Repräsentations- und Privaträume zeigen den Glanz des höfischen Lebens. Im Rahmen einer Führung kannst du einen Großteil des Schlosses besichtigen, darunter die besonders prunkvollen und original erhaltenen Staats- und Privatgemächer. Beim Gang durch die barocken Säle würde es kaum wundern, käme Herzog Anton Ulrich höchstpersönlich um die Ecke spaziert und würde sich auf einem gemütlichen Sessel niederlassen. Außer der Dauerausstellung werden wechselnde Sonderausstellungen zu Kunst-, Kultur- und Regionalgeschichte gezeigt. Für Kinder gibt es im Museum besondere Angebote und einen eigenen Audioguide. An jedem ersten Freitag im Monat ist der Eintritt

INSIDER-TIPP
Typisch Barock!

frei! *Di–So 10–17 Uhr | Eintritt: Erwachsene 5 Euro (inkl. Audioguide), 0–18 J. frei, Familie: 7 Euro, öffentliche Führung: 6 Euro p. P. | Schlossplatz | wolfenbuettel.de | Bus Schlossplatz | 1 Std. | G5*

3 LESSINGHAUS UND LITERATURMUSEUM ★

Auf Gotthold Ephraim Lessing ist man in Wolfenbüttel besonders stolz. Ab 1771 war der Dichter, der die deutsche Aufklärung prägte wie kein anderer, hier als Bibliothekar angestellt. Von 1777 bis zu seinem Tod 1781 lebte er im heutigen Lessinghaus. Überraschung – zur Abwechslung erwartet dich kein Fachwerkhaus, sondern ein kleines französisches Barockschlösschen mit hübsch getrimmten Grünanlagen. Errichtet wurde es ursprünglich für einen herzoglichen Kammerdiener. Das repräsentative Refugium brachte der Familie Lessing leider zunächst kein Glück: Kurz nach dem Einzug verstarb Lessings Sohn, 14 Tage später seine Frau. Eine fürchterliche Tragödie. Dennoch entwickelte Lessing in diesem Haus eine immense Schaffenskraft und schrieb Werke, die in die Weltliteratur eingingen – unter anderem *„Nathan der Weise"*. Wenn

Nach der Lektüre – oder einfach so – chillen vor der Herzog August Bibliothek

INSIDER-TIPP
Lessing hautnah!

er nicht gerade arbeitete, empfing er im Gartensaal berühmte Gäste. Heute befindet sich in dem Haus das Literaturmuseum, in dem du jede Menge über das Leben und Wirken Lessings erfährst. Rechts neben dem Haus steht ein Nathan-Denkmal. Der berühmte dichtende Bewohner der Stadt lieh auch dem innen wie außen sehenswerten Lessingtheater ➤ S. 69 seinen Namen. Und dass Lessing in Wolfenbüttel heute noch „lebt", davon kannst du dich auch digital vom Sofa aus mit der Wolfenbüttel App ➤ S. 103 überzeugen. *Di–So 11–16 Uhr | Erwachsene 3 Euro oder Tageskarte 5 Euro (auch für Herzog August Bibliothek gültig), Kinder u. Jugendliche 13–18 J. 1 Euro, bis 12 J. frei | Lessingplatz 1 | lessingtheater-wf.de | Bus Schlossplatz | 1½ Std. | G5*

4 HERZOG AUGUST BIBLIOTHEK ★

Das ist mal 'ne Bibliothek! Das dachten sich 1572 sicher auch die ersten Besucher der Herzog August Bibliothek. Dass sie als „achtes Weltwunder" in die Geschichtsbücher der frühen Neuzeit einging, ist jedoch nicht ihrem Bauherrn Herzog Julius zuzuschreiben, sondern dem späteren Namensgeber, Herzog August dem Jüngeren. Der hochgebildete Herzog brachte während seiner Regentschaft seine gesamte Bibliothek mit nach Wolfenbüttel – vermutlich zu seiner Zeit eine ziemliche logistische Herausforderung. Als er im Jahr 1666 das Zeitliche segnete, umfasste die „Bibliotheca Augusta" bereits 35 000 Bände – die größte Büchersammlung Europas und eine beeindruckende Kollektion mittelalterlicher Handschriften.

Das heutige Bibliotheksgebäude wurde Ende des 19. Jh. im Stil eines florentinischen Palazzo errichtet und ersetzte die baufällige berühmte Bibliotheksrotunde des vorherigen Jahrhunderts. Heute befindet sich in dem imposanten Gebäude eine moderne, international bedeutende Forschungsbibliothek. Ungefähr 1 Mio. Bände beinhaltet die Sammlung der „HAB", davon circa 350 000 aus dem 15. bis 18. Jh. Der Schatz der Schätze in der „Bibliotheca Augusta" und Besuchermagnet schlechthin ist das 1983 in London für 32,5 Millionen DM ersteigerte Evangeliar Heinrichs des Löwen – eine der prächtigsten und kunsthistorisch wertvollsten Handschriften des Mittelalters!

INSIDER-TIPP
Mittelalterliches (Bilder-)Buch!

Neben der Dauerausstellung gibt es regelmäßig Sonderausstellungen sowie ein vielfältiges Kulturprogramm. *Öffnungszeiten s. Website | Eintritt inkl. Lessinghaus; Tageskarte: Erwachsene 5 Euro, Jugendliche 13–18 J. 1 Euro, Kinder frei | Lessingplatz 1 | Tel. 05331 80 80 | hab.de | Bus Schlossplatz | ½ Std. | G5*

5 BÜRGER MUSEUM ★

Unter dem Motto *Bürger erzählen Geschichte* erwacht hier die Stadtgeschichte zum Leben. Von der Zeit unter den Welfen über die Industrialisierung bis ins 20. Jh., von stinkenden

Grachten zu Klein Venedig, von der Konservendose zum Teegebäck: Das 2017 eingeweihte Museum zeigt Wolfenbütteler Exponate aus den letzten 500 Jahren. Zu diesem Zweck wurde die ehemalige Jahnturnhalle, die im 19. Jh. als Reithalle errichtet wurde, zu einem modernen Museum umgebaut. Eine sehr spannende und anschauliche Ausstellung bei freiem Eintritt! Zu sehen gibt es u. a. ein Tonmöbel der in der zweiten Hälfte des 20. Jh. weltweit renommierten KUBA-Tonmöbelfabrik. Tonmöbel (oder auch Musiktruhen) waren Möbelstücke, die ein Radio und einen Plattenspieler in einem stilvollen Holzgehäuse miteinander kombinierten und die sich die besser betuchte Gesellschaft gerne ins Wohnzimmer stellte. In der Bürgervitrine zeigen Wolfenbütteler, was sie selbst an Schätzen im Keller finden.

Ganz zierlich: das schmale Haus

Bist du öfter hier? Durch die wechselnden Themenschwerpunkte siehst du immer wieder Neues! *Di–So 10–17 Uhr | Eintritt frei | Prof.-Paul-Raabe-Platz 1 | wolfenbuettel.de | Bus Schlossplatz | 1 Std. | G5*

INSIDER-TIPP Für Wiederholungstäter!

6 KLEIN VENEDIG

Schon mal gehört? Stimmt, der Vergleich mit der italienischen Vorzeigestadt wird an vielen Orten bemüht – ein Relikt aus der Zeit der Romantik, als Italien sehr en vogue war – und wirkt oft ein wenig übertrieben. Trotzdem glaubst du dich beim Blick aufs Wasser von der Brücke in der Stobenstraße nicht unbedingt in niedersächsischen Gefilden. Hier fließt die Oker im *Großen Kanal*, zunächst von den Häusern der *Krambuden* überbrückt, dann im Freien, direkt an den Häusern entlang, gemächlich in ein Becken vor der *Schünemannschen Müh-*

Auch er prägte die Stadt: Denkmal von Herzog August dem Jüngeren auf dem Stadtmarkt

le. Weniger Touristen, weniger Tauben – eigentlich ist es hier (fast) romantischer als in Venedig! Außerdem müsste das Ganze sowieso „Klein-Amsterdam" heißen: Die historischen Grachten wurden nämlich im 16. Jh. von dem Niederländer Hans Vredeman de Vries angelegt. *Stobenstraße | Bus Kornmarkt | H5*

7 DAS SCHMALE HAUS

Wie niedlich! Dieses Fachwerkhäuschen ist nicht nur schmal, sondern gleich das schmalste Haus Norddeutschlands. Die Fassadenbreite zur Straße beträgt gerade einmal 2,20 m. Bevor hier ein Wohnhaus entstand, nutzte man den früheren Durchgang zum Transport von Löschwasser – bei der hohen Dichte an Fachwerkhäusern brannte es recht häufig in der Stadt. Innen ist das Haus modern saniert und verfügt über sage und schreibe 100 m² Wohnfläche auf vier Etagen. Würdest du einziehen? Von innen leider nicht zu besichtigen, aber du kannst dir zumindest schon mal von außen einen ersten Eindruck machen. *Zimmerhof 15 | Bus Kornmarkt | H5*

8 STADTMARKT ★

Die Wolfenbütteler Fachwerkhäuser stammen aus unterschiedlichen Epochen von der Spätgotik bis zur Neuzeit. Besonders gut vergleichen lassen sich die Baustile rund um den Stadtmarkt, wo sich auch das Rathaus befindet. Allerdings solltest du nicht nur nach oben schauen, sonst kann es passieren, dass du plötzlich über eine Ente stolperst. Ja, richtig gelesen: Tagsüber

watscheln hier manchmal Enten herum und hoffen auf Brotkrumen oder eine heruntergefallene Eiswaffel. Auf dem Platz begegnest du außerdem dem steinernen Herzog August dem Jüngeren (1579–1666) und seinem Ross. Er galt als Humanist und einer der gelehrtesten Fürsten seiner Zeit und schuf die berühmte nach ihm benannte Bibliothek. Kleines Manko, das etwas an seinem Ruf kratzt: Er ließ auch über 50 „Hexen und Zauberer" verbrennen. *Bus Kornmarkt* | *H5*

9 BRAUNSCHWEIGISCHES LANDESMUSEUM: ARCHÄOLOGISCHES MUSEUM

Das Braunschweiger Land wurde erstmals vor einer halben Million Jahren besiedelt. Zeugnisse von den Anfängen der Besiedlungsgeschichte bis zur Eisenzeit kannst du in der herzoglichen Renaissancekanzlei auf über 1000 m² Fläche bestaunen. Der archäologische Teil des Landesmuseums (einer von vier Standorten) befindet sich seit Mitte der 1950er-Jahre in dem Prachtbau von Baumeister Hans Vredemann de Vries, der schon alleine eine echte Sehenswürdigkeit darstellt. Die Dauerausstellung macht die Lebenswelt und den Alltag unserer Vorfahren begreifbar: Objekte, Schautafeln und Inszenierungen erzählen von Jägern und Sammlern, Bauern der Jungsteinzeit und den eiszeitlichen Germanen. An verschiedenen Aktionsplätzen kannst du selbst Hand anlegen und die alten Techniken ausprobieren. Auch für Kinder geeignet! *Das Museum ist bis derzeit geschlossen und wird voraussichtlich 2023 wiedereröffnet* | *Kanzleistr. 3* | *3landesmuseen-braunschweig.de* | *Bus Breite Herzogstraße* | *1½ Std.* | *H5*

10 KUNSTVEREIN WOLFENBÜTTEL

1975 wurde der Kunstverein Wolfenbüttel gegründet, um junge, aufstrebende Künstler zu unterstützen. Heute regiert in den historischen Räumen des Prinzenpalais immer noch die Muse. Pro Jahr zeigen fünf bis sieben Ausstellungen aus den Bereichen Fotografie, Malerei, Bildhauerei, Grafik, Video sowie Installationen und Performances jede Menge künstlerisches Schaffen. Das soll für jeden zugänglich sein, deshalb werden die Ausstellungen durch Vorträge, Filmvorführungen, Künstlergespräche und Führungen ergänzt. *Mi–Fr 16–18, Sa u. So 11–13 Uhr* | *Eintritt frei* | *Reichsstraße 1* | *kunstverein-wf.de* | *Bus Kornmarkt* | *H5*

11 GEDENKSTÄTTE IN DER JVA WOLFENBÜTTEL ★

Eine eindrückliche Ausstellung gegen das Vergessen: Das Strafgefängnis Wolfenbüttel diente während der NS-Zeit als wichtigste Haftstätte der Region. Bis zur Befreiung am 11. April 1945 starben mehr als 500 Gefangene auch aufgrund der sich drastisch verschlechternden Haftbedingungen. Außerdem fungierte die Strafanstalt ab 1937 als eine der zentralen Hinrichtungsstätten im Deutschen Reich – bis März 1945 wurden 526 NS-Todesurteile vollstreckt. Seit 2019 gibt es das Dokumentationszentrum zu Recht und Justiz in der NS-Zeit. Durch eine Augmented-Reality-Anwendung

Helle Freundlichkeit in der St.-Trinitatis-Kirche

kannst du die historischen Räumlichkeiten, die „in echt" nur nach Voranmeldung und unter Sicherheitsvorkehrungen besucht werden können, virtuell begehen und entdecken. *Di–So 10–17 Uhr | Eintritt frei | Ziegenmarkt 10 | wolfenbuettel.stiftung-ng.de | Bus Breite Herzogstraße | 1½ Std. | H5*

12 ST.-TRINITATIS-KIRCHE

Diese Kirche wirkt schon von Weitem imposant – ganz ohne hohen Kirchturm! Tatsächlich gehört sie zu den wichtigsten und schönsten Barockkirchen Deutschlands. Zwischen Kirchenschiff und Sakristei befinden sich die letzten Reste des alten Stadttores von 1589. Im Jahr 1700 wurde hier aus Kostengründen zunächst eine Holzkirche errichtet, die jedoch beim ersten Blitzschlag in Flammen aufging. Man versuchte es noch einmal mit Stein (zumindest außen, innen ist immer noch größtenteils Holz verbaut) und diesmal hatte die Sache Bestand. Die spannenden und sehr ungewöhnlichen Details der Baugeschichte erfährst du bei einer Führung. Der schlicht gehaltene Innenraum strahlt seit der Modernisierung vor wenigen Jahren wieder hell und einladend. *Di 11–13, Mi 11–13 u. 14–16, Do 14–16, Sa 11–16 Uhr | öffentl. Kirchenfüh-*

rung: jeden 4. Fr im Monat, 17 Uhr | Holzmarkt | marien-trinitatis-wf.de | Bus Breite Herzogstraße | H5

13 STADTGRABEN UND WALLANLAGEN

Wolfenbüttel hatte im 17. und 18. Jh. die mächtigsten Befestigungsanlagen in Norddeutschland; sie waren komplett von einem breiten Wassergraben und imposanten Befestigungswällen umgeben. Heute sind die Reste dieser Anlagen die grüne Lunge rund um die Altstadt und ein beliebtes Freizeitgelände mit Spazierwegen, Kinderspielplatz, vielen Bänken und einer Strandbar ➤ S. 66. Vor allem im Herbst, wenn die Blätter sich färben, ist es hier wunderschön! Ein Spaziergang um die ehemaligen Wallanlagen und am See entlang führt dich auf die Spuren der Vergangenheit. Auf einer Anhöhe steht der alte Wasserturm von 1893. Direkt am Stadtgraben befindet sich auch das Freizeitareal Okeraue ➤ S. 84. *Bus Lange Straße | H5*

14 HARZSTRASSE 12

In der Harzstraße waren im 18. Jh. die erste städtische Synagoge und eine Talmudschule – eine jüdische Hochschule – eingerichtet. Die Synagoge war mit kunstvollen Wandornamenten und mit in Blau-Gold gehaltenen Himmelsdarstellungen eine Augenweide und bis zum Umzug der Gemeinde 1893 über ein Jahrhundert

Krumme Straße, krumme Häuser

der Mittelpunkt des jüdischen Lebens in Wolfenbüttel. Als normales Wohnhaus überdauerte das Gebäude die NS-Zeit und geriet in Vergessenheit. Im Sommer 1985 sorgte die bei Bauarbeiten wiederentdeckte Synagoge für großes öffentliches Interesse. Erfolglos wurde versucht, das Gebäude zu restaurieren und es öffentlich zugänglich zu machen. Gegen den Protest einer Bürgerinitiative verschwand das Kulturdenkmal hinter Rigipswänden und wird heute wieder als Wohnhaus genutzt. *Harzstraße 12 | harzstrasse12.de | Bus Kornmarkt | H5*

15 KRUMME STRASSE

An diesem Schatzkästchen führt kein Weg vorbei! Die Krumme Straße liegt

am südlichen Rand der Altstadt. Wie in vielen Straßen in der Umgebung blickst du auf ein geschlossenes Fachwerkensemble. Die teilweise sehr kleinen Häuschen wurden aufwendig renoviert und sind heute ein ziemlich hipper Ort zum Wohnen. Woher der Beiname „Krumme Straße" stammt, ist offensichtlich. Der schiefe Verlauf kommt daher, dass entlang des früheren Festungswalls gebaut wurde. Wer hier siedelte, war wahrscheinlich arm und froh, noch ein Plätzchen innerhalb der schützenden Stadtmauern gefunden zu haben. *Krumme Straße | Bus Kornmarkt | H5*

16 HAUPTKIRCHE BEATAE MARIAE VIRGINIS UND WELFENGRUFT ★

Die Hauptkirche dominiert den Kornmarkt, ihr Turm ist schon von Weitem zu sehen. Die *BMV*, wie die Kirche im Volksmund heißt, war der erste protestantische Großkirchenbau der Welt, ihr umständlicher Name bedeutet: „der seligen Jungfrau Maria".

Herzog Heinrich Julius (1564–1613), Wegbereiter der Reformation in Wolfenbüttel, gab den Bau der Kirche in Auftrag, 1608 begann die Arbeit. Die Vorgaben waren komplex, denn gefragt war eine Art Eier legender Wollmilchbau: Einerseits sollte die Kirche als Gotteshaus für Predigten und das Abendmahl genutzt werden, andererseits sollte sie die Pracht und Macht der Fürsten repräsentieren und zusätzlich als Grablege für die Fürstenfamilie dienen. So verschieden wie diese Zwecke sind auch die Stilelemente, die in den Bau mit einflossen: Charak-

Entspannt genießen im Zimmerhof13

teristische Züge aus Gotik, Renaissance und Barock verschmelzen unter dem Oberbegriff *Manierismus* zu einem prachtvollen Bauwerk. Im Inneren der Kirche findest du einen aus Holz geschnitzten Hochaltar des Freiberger Bildschnitzers Bernhard Ditterich, die bildliche Darstellung der Passionsgeschichte und eine hübsch verzierte Orgel mit sage und schreibe 53 Registern.

Ein Highlight ist die heute noch zugängliche ⚑ *Welfengruft*: Sieben Generationen des Welfenhauses wurden hier seit dem Jahr 1552 bestattet. Die Sarkophage, in denen die 28 Verstorbenen ruhen, sind teilweise reich verziert und künstlerisch wertvoll. Während Heinrich Julius im Jahr 1613 noch vergleichsweise bescheiden bestattet wurde, wurde bei anderen Sarkophagen deutlich mehr geklotzt – ein Beispiel ist der Doppelsarg von Anton Ulrich und seiner Ehefrau Elisabeth Juliane. Du kannst die aufwendig sanierte Welfengruft im Rahmen einer Führung oder auf eigene Faust besichtigen. Schautafeln informieren über die dort bestatteten Welfenfürsten und deren Verwandte, die bis 1767 hier beigesetzt wurden. *Di–Sa 10–12 u. tgl. 14–16 Uhr | Kostenlose öffentliche Führungen finden an jedem 2. Freitag im Monat von 17 bis 18 Uhr statt. | Eintritt freiw. Spende 1 Euro | Michael-Praetorius-Platz 9 | Bus Kornmarkt | H5*

17 OKERAUEN

Zeit für Natur und einen Platz am Wasser! Ob zum Radeln, Spazieren oder Picknicken – die grüne Lunge der Stadt sorgt dafür, dass dir beim Sightseeing nicht die Puste ausgeht. Wo früher unwirtliches Sumpfland Feinde davon abhielt, die Stadt zu stürmen, und Überflutungen an der Tagesordnung waren, wandelst du heute ganz entspannt an der schon lange gezähmten Oker entlang. Auch da: Jede Menge Hunde – die Okerauen sind ein beliebtes Gassigehgebiet. Das Stadtbad Okeraue ➤ S. 84 ist bei jedem Wetter einen Besuch wert! *Harztorwall | Bus Stadtbad Okeraue | J7*

18 VILLA SEELIGER UND KASEMATTEN

Hübsch ist es hier! Die romantische Villa auf dem Hügel stammt aus dem Jahr 1900. Doch was diesen Ort besonders macht, ist seine Geschichte! Was du beim Spaziergang durch den im Stil eines englischen Landschaftsgartens angelegten Seeliger Parks nämlich nicht bemerkst: Du wandelst auf den Kasematten, die zur Welfenzeit Teil der mächtigen Festungsanlagen der Stadt waren. Eine Führung durch die „Mordgruben unter Tage" ist schwer zu empfehlen! Was es damit auf sich hat? Lass dich überraschen! Alternativ oder zusätzlich empfiehlt sich ein Besuch der Discgolf-Anlage ➤ S. 85. *Aktuelle Infos zu Führungen bei der Tourist-Information | Schulwall 1 | Bus Bahnhof | 🕮 G5*

INSIDER-TIPP
Ab in den Untergrund!

19 GROSSER ZIMMERHOF

Ei, wie romantisch! Wo du heute ein wunderschönes denkmalgeschütztes Fachwerkensemble siehst, war früher der Wolfenbütteler Hafen. Auf Flößen wurde hier Holz aus dem Harz angeliefert und von den Zimmerleuten der Stadt direkt weiterverarbeitet. Im *Zimmerhof13 Bar-Café* gedenkt man der Tradition des Quartiers mit einem eigens kreierten Floß-Wein („Das rote Floß"). Das ambitionierte Gastrokonzept serviert feine Getränke und Speisen von einer kleinen, aber qualitativ herausragenden Karte. Regional und bio ist hier Programm! Auf der wahrscheinlich schönsten Terrasse Wolfenbüttels genießt du den Blick auf die Oker und das Flair des Zimmerhofs in vollen Zügen. *Großer Zimmerhof | Bus Kornmarkt oder Schulwall | 🕮 H5*

INSIDER-TIPP
Ahoi und zum Wohl!

JULIUSSTADT

Das östliche Stadtgebiet prägt vor allem die *Juliusstadt* – ein weiteres Viertel, das nach einem Welfenherzog benannt ist. Herzog Julius sah in dem Sumpfgebiet großes Entwicklungspotenzial und wollte „seinen Stadtteil" wirtschaftlich nach vorne bringen. Damit wurde er nicht fertig und später interessierte sich keiner mehr für sein Projekt.

Auch wenn die Stadt Wolfenbüttel im Zweiten Weltkrieg generell glimpflich davonkam, kurz vor Kriegsende (am 29. März 1945) regnete es auch hier Bomben, die vor allem die Juliusstadt trafen. Heute ist der Stadtteil ein Ort der Potenziale und der Kreativität. Hier geht es eher ruhig zu, vieles dreht sich um Kunst, Kultur und um – aufgepasst – den berühmtesten Hirschen nach Bambi!

20 JÄGERMEISTER ★ ☂ ⚑

Die Besichtigung des Jägermeister-Werks gehört zu den Highlights deines Besuchs! Der erfolgreichste Kräuterlikör der Welt basiert auf einer geheimnisvollen Rezeptur von 56 verschiedenen Kräutern, Blüten und Wurzeln und wird seit über 80 Jahren in Wolfenbüttel hergestellt. Das Unternehmen wurde 1878 von Wilhelm Mast als Essigmanufaktur gegründet – den Essig benötigte man damals zum Kühlen von Steinen im Bergbau. Wilhelms Sohn Curt erfand schließlich den Kräuterlikör und die Erfolgsgeschichte Jägermeister nahm ihren Lauf. Bei einer Werksführung erfährst

du, wie viel Kunst, Wissenschaft und Leidenschaft in jedem Tropfen steckt. Vom Herstellungsprozess und von den Pflanzen bis zur Flasche, über den Kräuterkeller bis zu den charakteristischen Fasskammern – hier sammelst du jede Menge Angeberwissen für die nächste Party. Wusstest du z.B., dass es neben dem Klassiker in Grün auch verschiedene Variationen des Kultgetränks gibt? Wie wäre es zur Abwechslung mit einem Jägermeister Scharf? *Infos zu Führungen sowie Tickets (mit Mittagessen und Stadtführung ab 20 Euro p.P.) bei der Tourist-Info | Jägermeisterstraße 7 | jagermeister.com |*

INSIDER-TIPP
Lernen fürs Leben!

Busse 710, 791–739, 796, 797 Jägermeisterstraße | H4

21 BÜRGERFRIEDHOF

Stadtgeschichte mal anders! Auf dem Bürgerfriedhof in den Wallanlagen (hinter der Trinitatiskirche) liegen jede Menge berühmte Wolfenbütteler begraben. Hier befindet sich u. a. ein Gedenkstein für Eva König, die früh verstorbene Ehefrau Lessings. *Landeshuter Platz 3 | Bus Kornmarkt* | H5

22 HAUPTFRIEDHOF

Ein beeindruckender Ort der Stille ist der Wolfenbütteler Hauptfriedhof mit seiner wunderschönen Parkanlage und der Martinskapelle von 1917. Zeit für einen Spaziergang und ein Päuschen unter Bäumen. *Lindener Str. 10 | Bus 793 Wolfenbüttel Friedhof* | J5

23 AHA-ERLEBNISMUSEUM ★

Ein tolles Mitmachmuseum für kleine und größere Entdecker! Anfassen, Tüfteln, Rätseln, Staunen, Begreifen – über 30 kreative Stationen laden auf 450 m² zum Mitmachen und Forschen ein. Bei spannenden Nachmittagsaktionen tauchen neugierige Nachwuchsforscher spielerisch in Themen wie den ökologischen Fußabdruck ein. Die Ausstellung wechselt jährlich und so gibt es immer wieder Neues zu erleben. Seit 2002 gehört dem AHA-ERLEBNIS-Team auch ein 30-köpfiges Kinderparlament an, das die wechselnden Ausstellungen aktiv mitgestaltet. *Einzelticket 4,50 Euro, Familien (2 Erwachsene + 2 Kinder): 16 Euro u. jede weitere Person 3,50 Euro | Lindener Str. 15 | Bus 793 Zeughausstraße | Rote Schanze* | 2 Std. | J5

AUGUST-STADT

Das Stadtviertel Auguststadt wurde 1652 unter Herzog August dem Jüngeren als Handwerker- und Soldatensiedlung angelegt.

Früher lag sie außerhalb der Stadtbegrenzung, heute befindet sie sich mit der hübschen St. Johanniskirche mittendrin und gilt als lebenswertes Quartier mit vielen Facetten und toll renovierten Fachwerkhäusern. Das Bäckerhandwerk hat hier Tradition, deshalb solltest du ein Kuchenpäuschen einlegen!

Fachwerkkleinod St. Johanniskirche

24 ST. JOHANNISKIRCHE

Eine Kirche für nur 59 Bürger? Herzog August machte es möglich. Der etwas versteckt liegende eigentlich schlichte Fachwerkbau wurde 1663 geweiht und gilt als kostbares Juwel protestantischer Kirchenbaukunst. Dumm gelaufen: Bei der Konstruktion war die Gewichtigkeit von Kirchenglocken nicht berücksichtigt worden – Der Kirchturm konnte die schwere Glocke nicht tragen. Doch man errichtete einen frei stehenden, kampanileartigen Glockenturm. Im Inneren befinden sich die Grabplatten des berühmten Baumeisters Hermann Korb und des Komponisten Johann Rosenmüller. Ob tatsächlich alle 59 Bürger nach dem Kirchbau zum Gottesdienst kamen, ist übrigens nicht bekannt. *Glockengasse 2 | Busse 630, 794 Finanzamt |* *G5*

AUSSERDEM SEHENSWERT

25 HEIMATSTUBE AHLUM ☂

Der Name klingt heimelig und ziemlich überschaubar? Aufgepasst: Dich erwartet hier keine kleine Kaschemme, sondern eine ca. 100 Jahre alte Maschinenhalle, in der das einfache Leben früherer Zeiten aufersteht. Hier findest du handwerkliche Einheiten wie eine Bäckerei, Tischlerei und Schuhmacherei sowie altes Malerwerkzeug, alte landwirtschaftliche Geräte und gut gefüllte Schränke und Vitrinen mit Dingen des bürgerlichen Lebens bis hin zu alten Spielsachen. Vieles stammt tatsächlich aus dem Stadtteil Ahlum – sogar Zeugnisse der Dorfschenke und des Lebensmittelhandels sind zu finden. *Mai–Okt. 1. u. 3. Mi im Monat 15–17 Uhr + Sonderveranstaltungen | Eintritt frei, Spenden willkommen | Wolfenbütteler Str. 1 | ahlum.de | Bus 796 Ahlum | M3*

26 GÄRTNERMUSEUM

Stadtgeschichte mal anders! Mit großem Engagement widmet man sich hier der fast 300-jährigen Tradition der Wolfenbütteler Gemüsegärtner. Die wunderschöne Anlage ist eine grüne Erholungsoase. Begib dich auf Zeitreise und informiere dich über die Produktion und Vermarktung lokaler Obst- und Gemüsesorten durch die Jahrhunderte. Auch ein Blick in den Veranstaltungskalender lohnt sich. *Öffnungszeiten s. Website | Eintritt frei, Spenden willkommen | Neuer Weg 33 | www.gaertnermuseum.de | Busse 420, 793 Mittelweg | Schwedenschanze | 1 Std. | H3*

27 LÖWE-PFAD

Der Löwe ist los! Aber wo ist er nur? Die schlechte (oder gute) Nachricht: Raubkatzen suchst du hier vergebens. Dafür gibt's viel Spaß und Spannung im Wald! LÖWE steht für *Langfristige Ökologische WaldEntwicklung* – und hier wird nicht nur gelernt, sondern auch der Spaß kommt nicht zu kurz: Auf dem Naturerlebnispfad wird auf 2,5 Kilometern gelauscht, geklettert, gefühlt, gesprungen oder Musik gemacht. Die verschiedenen Stationen vermitteln allerlei Wissen rund um den Wald und seine Bewohner. Ein Waldxylofon lädt zum Musizieren ein, Balancierbalken wollen bezwungen werden und vom LÖWE-Turm aus kannst du die Baumwipfel aus der Nähe betrachten. *Die Anlage ist jederzeit zugänglich, der Eintritt ist frei | Waldweg | Busse 420, 421 Klinikum | Lechlumer Holz | H3*

Action und viel Wissenswertes auf dem LÖWE-Pfad

ESSEN & TRINKEN

Wie alles in Wolfenbüttel geht es auch in der Gastronomie sehr entspannt (aber auf keinen Fall langweilig!) zu. Die Auswahl ist bunt und reicht vom schicken Dinner im Gewölbekeller über urige Lokale und mediterrane Spezialitätenrestaurants bis zum lässigen Sea- und Streetfood am Stadtgraben.

Bei akutem Kaffeedurst und Kuchenhunger locken die Cafés der Altstadt. Mit einem schaumigen Cappuccino und einem Stück Erdbeerkuchen in der Nachmittagssonne sitzen, auf die Krambuden schauen und den nächsten Programmpunkt planen – so fühlt sich Urlaub an!

„Zum Glück" gibt's hier nicht nur eine tolle Aussicht, sondern auch leckeres Essen

In Wolfenbüttel haben viele kleinere Restaurants und Cafés ihre Nische gefunden und manch eine(r) kombiniert gleich mehrere Konzepte: Hier serviert der Blumenladen auch mal Waffeln oder das Restaurant mausert sich am Abend zur stylishen Bar. Eine Tischreservierung empfiehlt sich, denn auch die Wolfenbütteler lieben die kulinarische Vielfalt ihrer Stadt. Man kennt sich hier und solltest du ein Restaurant wiederholt besuchen, wird man dich sehr schnell wie einen alten Freund begrüßen – während du selbst dich nach wenigen Tagen wie ein Einheimischer fühlst. Lass es dir schmecken!

WO WOLFENBÜTTEL ISST

MARCO POLO HIGHLIGHTS

★ **L'OLIVETO**
Pizza mit Satt-werd-Garantie! ➤ S. 51

★ **PANTOPOLEIO**
Erspart dir den Flug in den Süden ➤ S. 53

★ **EISMANUFAKTUR**
Eis geht immer! Handgemachte Leckereien nicht nur für heiße Tage ➤ S. 49

★ **HOFCAFÉ**
Wohnzimmeratmosphäre und heiße Schokolade mit Marshmallows ➤ S. 48

★ **RATSKELLER**
Oben tagt der Stadtrat, unten genießt du feinste Küche im Gewölbekeller ➤ S. 50

★ **VINUM ITALICUM**
Kleine Karte, großer Genuss! ➤ S. 52

VOM KORNMARKT ...
... hinaus in die Welt!
Pantopoleio
L'Oliveto
Breite-Herzog-Straße
Neue Str.
straße
Alter Weg
B79
Neuer Weg
Camperstraße
Grüner Platz
Friedrich-Wilhelm-Straße
Wilhelm-Raabe-Straße
Camperstraße
Schinkelstraße
B79
Jägermeisterstraße
K88
Rosenwall
Am Herzog-tore
Gefängnis-park
Friedrich-Wilhelm-Straße
Leopoldstraße
L627
Leipziger Str.
JULIUSSTADT
Juliusstraße
Kapellenweg
Okerstraße
Breite Herzogstraße
Landeshuter Platz
Große Kirchstraße
Lange Straße
Karlstraße
Lindener Straße
Stadtgraben
Teichgarten
K620
Zeughausstraße
Drei-Linden-Weg
Heimstättenweg
Grimmstraße
K88
Keplerstraße
Oker
Lange Straße
200 m
219 yd

CAFÉS & FRÜHSTÜCK

CAFÉ AM STADTMARKT

Ein klassisches Café ohne Chichi – sehr zentral gelegen, mit eher betagterem Publikum und einer leckeren Kuchenauswahl. Perfekt für gemütliche Stunden und zum „Leutegucken"! Auf Wunsch gibt's Frühstück plus Stadtführung und Kuchen im Komplettpaket. *Mo–Sa 7.30–18 u. So 9–18 Uhr | Am Stadtmarkt | Tel. 05331 14 72 | cafe-am-stadtmarkt.de | Bus Kornmarkt | € | Innenstadt | H5*

INSIDER-TIPP
Einmal alles, bitte!

HOFCAFÉ ★

Die Wohnzimmeratmosphäre schreiben sich ja viele auf die Fahne, doch in diesem gemütlichen Café ist der Name Programm! Im Sommer sitzt du im ebenso tollen Hinterhof mit Sonnen- und Schattenplätzen. Neben Kaffee, heißer Schokolade mit und ohne Marshmallows, Tee und Kuchen gibt es eine kleine Speisenauswahl. *Mi–Sa 9–14 Uhr | Klosterstr. 5 | Bus Kornmarkt | € | Innenstadt | H5*

WOHIN ZUERST?

In der Altstadt – zwischen den Krambuden – auf dem **Stadtmarkt** und rund um den **Kornmarkt** findest du eine breite Auswahl an Cafés, Restaurants und Imbissen für jeden Geschmack. Wie wäre es am Abend mit einem Spaziergang zum **Stadtgraben** inklusive Einkehr im **Beach Club**?

BLÜTENZAUBER CAFÉ

Ein Sträußchen mit Sahnehaube! Dieses bunte Café ist eigentlich ein Blumen- und Dekoladen. Das Interieur zaubert gute Stimmung, die Damen des Hauses leckere Kuchen, Waffeln und besonders feines Frühstück. *Mi–Fr 9–18, Sa 9–16 Uhr | Okerstr. 12 | Tel. 05331 6 79 99 40 | bluetenzauber-wf.de | Bus Kornmarkt | € | Innenstadt | H5*

KAFFEEZEIT

Möglichst bio, vieles auch vegan, tierische Produkte kommen von regionalen Betrieben. Sabine Umunna serviert selbst gebackenen Kuchen (auch glutenfrei) und einen kleinen Mittagstisch. Mit dem Löwenzahnprojekt kannst du deine Rechnung aufrunden und Menschen helfen, die sich sonst den Besuch nicht leisten können. *Mi–Fr 10–17, Sa 10–15, So 11–17 Uhr | Okerstr. 3 | Facebook: Kaffeezeit.sabine | Bus Kornmarkt | € | Innenstadt | H5*

INSIDER-TIPP
Kaffeezeit schenken!

CAFÉ SCHLÜTER

Ein Bäckerei-Café, wie es im Buche steht: tolles Frühstück, feine Qualität an Brot und Backwaren, leckerer Kuchen und ein Außenbereich mit Blick auf die Trinitatiskirche. *Mo–Fr 7–18, Sa–So 7–16 Uhr | Holzmarkt 15 | Tel. 05331 8 56 59 81 | brotversteher.de | Bus Breite Herzogstraße | € | Innenstadt | H5*

TORTENKULTUR

Die süße Tortenverführung wartet in diesem herrlich antiken Café mit

Kuschelatmosphäre wie zu Hause im Hofcafé

schiefen Wänden und niedlichem Oberstübchen. Im Außenbereich sitzt du mit Blick auf die Krambuden und die Wasserspiele. Auch zum Frühstück beliebt und es gibt Softeis! Betreiber ist die Konditorei Mücke aus Salzgitter. *Di–So 9–17 Uhr | Krambuden 13 | Tel. 05331 9044486 | Facebook: Torten kultur | Bus Kornmarkt | € | Innenstadt | H5*

ANTIQUITÄTEN- UND KAFFEESTUBE

Selbst gebackene Kuchen und Torten im Antiquitätenladen! Hier sitzt du wahnsinnig gemütlich mitten im Geschäft – an Möbeln, die zum Verkauf stehen. Aber was tun, wenn der Stuhl auf dem du deinen Kaffee schlürfst, plötzlich den Besitzer wechselt? Keine Panik, so schnell geht das hier nicht. Du darfst in Ruhe austrinken. *Mo–Fr 10–18, Sa 10–14 Uhr | Stadtmarkt 12/13 | Tel. 05331 881371 | Bus Kornmarkt | € | Innenstadt | H5*

TRECCINO

Diese kleine Caffèbar mit eigener Rösterei hatte ihre Fangemeinde schon, als die Besitzer noch ausschließlich mit dem Kaffeemobil unterwegs waren. Abwechslungsreiche Hausröstungen aus fairem Handel, feine Schokoladen und andere Leckereien versüßen deinen Nachmittag! *Di–Fr 10–17, Sa 10–13 Uhr | Am Alten Tore 1 a | Tel. 05331 9928280 | treccino.de | Bus Kornmarkt | € | Innenstadt | H5*

EIS ESSEN

EISMANUFAKTUR ★

In liebevoller Handarbeit entstehen aus natürlichen und regionalen Zutaten cremiges Eis, leckere Toppings und Soßen für den individuellen Eis-

Fein speisen unterm Rathaus im Ratskeller

hunger. *Mi–So 12–18 Uhr | Am Alten Schlachthof 2 | Tel. 05331 94 65 10 | eisdiele-wolfenbüttel.de | Bus 794 Grauhofstraße | € | Innenstadt | 🕮 F5*

EISZEIT 1986

Ob klassisch oder ausgefallen, zum Mitnehmen oder Dableiben – diese Eisdiele mit Garten und Sandkasten ist ein wunderbares Ausflugsziel für die ganze Familie. *Mo–Do 13–18, Fr–So 12–18 Uhr | Braunschweiger Str. 5 | eiszeit-salzdahlum.de | Busse Grauhofstraße, Westring, 794 Grauhofstraße, 606, 630, 794 Westring | € | Salzdahlum | 🕮 L1*

INSIDER-TIPP
Bestes Nachmittagsprogramm!

BASTIS SOMMERFELD

Wie wäre es mit einem leckeren Fahrradtrip in den Stadtteil Halchter? Bei Basti gibt's cremiges Softeis und fluffige belgische Waffeln mit wechselnden Toppings. Basti betreibt auch die Fischbude in Pöligs Gemüsescheune ➤ S. 67. *Fr 14–18 Uhr, Sa–So 12–18 Uhr | Im Sommerfeld 2 | Facebook: Bastis-Sommerfeld | Bus 750 Harzburger Straße | € | Halchter | 🕮 H7*

DEUTSCHE KÜCHE

ZUM GLÜCK

Das familienfreundliche Lokal bietet feine deutsch-österreichische Küche und ein tolles Ambiente mit Schlossblick. Auch die Bar kann sich sehen lassen! *Mo–Sa 11.30–14 u. 17.30–22 Uhr | Löwenstr. 1 | Tel. 05331 8 81 06 55 | zum-glueck-wf.de | Bus Schlossplatz | €€ | Innenstadt | 🕮 G5*

RATSKELLER ★

Mitten in der Altstadt, im Untergeschoss des Rathauses, findest du eines der besten Restaurants der Stadt. Gehobene Gastronomie mit schönen Freisitzen am Stadtmarkt. Auf der Karte stehen deutsche und internationale Gerichte, fein interpretiert. *Mi–Fr 12–14 u. 18–22, Sa 12–14 u. 18–23, So 12–15 Uhr | Stadtmarkt 2 | Tel. 05331 9 35 71 00 | ratskellerwolfenbuettel.de | Bus Kornmarkt | €€€ | Innenstadt | 🕮 H5*

BAYRISCHER HOF

Gemütlicher Biergarten im Zentrum der Stadt mit Blick auf die Hauptkirche. Serviert wird klassische deutsche

Unsere Empfehlung heute

Vorspeisen

KÜRBISSUPPE
aus Wolfenbütteler Gemüseanbau

WARMER ZIEGENFRISCHKÄSE
mit Rosmarin und Honig von regionalen Höfen

Hauptgerichte

BRAUNKOHL MIT BREGENWURST
Grünkohl mit leicht geräucherter Mettwurst, dazu Salzkartoffeln

BRAISIERTE HIRSCHROULADE
mit Steinpilzfarce auf Wirsinggemüse, Jägermeister-Preiselbeer-Jus und Dörrobstpolenta

Desserts

WELFENSPEISE
Zweischichtige Süßspeise mit Weinschaum

ARME RITTER
Durch süße Eiermilch gezogene, goldbraun gebackene Weißbrotscheiben. Serviert mit Zucker, Zimt und Apfelkompott.

Getränke

JÄGERMEISTER
Original, Scharf oder Manifest. Wahlweise als Longdrink oder Cocktail.

WEIZENBÜTTELER
Unfiltriert und naturtrüb von der Mad Dukes Brewery

HEISSER APFELSAFT
von Wolfenbütteler Obstbauern, alkoholfrei

GERMANIA GOLD
Naturtrübes Helles nach Traditionsrezept von der alten Germania Brauerei aus Wolfenbüttel

Küche. Draußen besser reservieren! *Di–Fr 11.30–14.30 u. 17.30–22.30, Sa 17.30–22.30, So 11.30–14.30 Uhr | Brauergildenstr. 5 | Tel. 05331 50 78 | bayrischer-hof-wf.de | Bus Kornmarkt | €€ | Innenstadt | H5*

RUND UM DIE WELT

L'OLIVETO ★
Man sagt, hier gäbe es die beste Pizza der Stadt! Das lässt sich nicht belegen, aber richtig lecker ist sie in jedem

Fall – und ziemlich riesig. Ein super Preis-Leistungs-Verhältnis und der sympathische Service in schönem Ambiente sorgen für Dolce Vita. *Mo–Fr u. So 17–22, Sa 12–22 Uhr | Lange Herzogstr. 44 | Tel. 05331 8 55 60 55 | loliveto-wf.de | Bus Kornmarkt | €€ | Innenstadt | 🕮 H5*

LA DOMENICA

Hier wird dir hervorragende italienische Küche im Leipnizhaus mit schönem Garten und Gewölbekeller serviert. Wenn du dich bei all den feinen Dingen auf der Speisekarte nicht entscheiden kannst, vertraue Francesco – er weiß, was gut für dich ist! *Di–So 12–14.30 u. 18– 22.30 Uhr | Schlossplatz 5 | Tel. 05331 59 53 | ladomenica.de | Bus Schlossplatz | €€€ | Innenstadt | 🕮 G5*

HONGKONG BISTRO

Sympathischer Imbiss mit authentischem asiatischem Essen. Super für den kleinen Geldbeutel und für zwischendurch! *Mo–Fr 11.30–21, So 12–20.30 Uhr | Breite Herzogstr. 25 | Tel. 05331 9 45 26 11 | hongkongbistro.eatbu.com | Bus Breite Herzogstraße | € | Innenstadt | 🕮 H5*

VINUM ITALICUM ★

Klein, aber sehr fein! Hier sitzt du drinnen an kleinen Holztischen und draußen im gemütlichen Innenhof. Sizilianische Küche und feinste Weine, regelmäßig wechselnde Gerichte. Spezialitäten gibt es auch im eigenen Laden zu kaufen. *Di–Sa 12–14.30 u. 17–20.30 Uhr | Schiffwall 3 | Tel. 05331 90 26 94 | vinumitalicum.de | Bus Schlossplatz | €€€ | Innenstadt | 🕮 G5*

L'Oliveto: So schmeckt Italien

TIRES FEINKOST

Sympathischer Grill- und Feinkost-Imbiss mitten in der Stadt. Hier gibt es hausgemachte Kleinigkeiten wie Quiches, Bowls und Suppen, aber auch Burger und vegane Speisen. Im Oberstübchen sitzt du besonders gemütlich. *Di–Fr 12–18, Sa 12–16 Uhr | Krambuden 18 | Tel. 05331 9452965 | Facebook: tiresfeinkost | Bus Kornmarkt | € | Innenstadt | H5*

DA GIOVANNI

Wie kommt das Schiff hier rein? Der hölzerne Schiffsmast im Inneren dieses eleganten italienischen Restaurants ist ein echter Hingucker! Pizza, Pasta, Fleisch – alles kommt frisch und liebevoll angerichtet zum Tisch. Die heimlichen Stars sind die Fischgerichte, die dich geschmacklich ans Mittelmeer beamen. *Mo–So 11.30–15 u. 17.30–23 Uhr | Harzstr. 20 | Tel. 05331 903490 | da-gio.de | Bus Kornmarkt | €€€ | Innenstadt | H5*

PANTOPOLEIO ★

... wird „Pondopolio" ausgesprochen und bedeutet „Tante-Emma-Laden". Dieses griechische Restaurant ist anders, als man es kennt: authentischer, uriger und sehr, sehr mediterran – fühlt sich an wie ein kleiner Urlaub! *Mo, Di, Do, Fr 17–21 u. Sa–So 13–21 Uhr | Okerstr. 16 | Tel. 05331 9318389 | pantopoleio.eatbu.com | Bus Kornmarkt | €€ | Innenstadt | H5*

KOMM BEACH CLUB

Leckere Salate, Burger und Seafood, dazu Cocktails und Strandfeeling ➤ S. 66

ZIMMERHOF13 BAR-CAFÉ

Modernes Gastrokonzept in historischer Umgebung mit einer kleinen erlesenen Speisekarte, leckeren Drinks und Weinen direkt an der Oker! ➤ S. 39

LE BOSPHORE

INSIDER-TIPP
Mit scharf und in der Waffel!

Für den kleinen Hunger gibt's hier Döner in der Eiswaffel! Die verrückte Kreation mit Kalb, Hähnchen oder Falafel ist umweltfreundlich und äußerst beliebt – sogar das Fernsehen war schon da. Klassische türkische Gerichte wie Dürüm stehen auch auf der Karte. *Mo–So 12–21 Uhr | Stadtmarkt 1 | Tel. 05331 9321166 | le-bosphore.de | Bus Kornmarkt | € | Innenstadt | H5*

WAN BAO

Wan Bao serviert frische chinesische Küche seit 1988. In dem bunt und üppig (und fast gar nicht kitschig) eingerichteten Restaurant fühlen sich auch Kinder wohl. *Di–So 11.30–15 u. 17.30–22 Uhr | Kommißstr. 9a | Tel. 05331 27254 | wan-bao-wf.de | Bus Kornmarkt | €€ | Innenstadt | H5*

VIET THAI

Familie Duangay verwöhnt dich mit Gerichten aus Thailand und Vietnam. Eine Hauptrolle spielen die vielen frischen Zutaten, die hier in den Topf wandern und zu ordentlichen Portionen verarbeitet werden. *Tgl. 11.30–15 u. 17.30–23 Uhr | Großer Zimmerhof 6 | Tel. 05331 902548 | Facebook: Vietthairestaurantwf | Bus Kornmarkt | €€ | Innenstadt | G5*

SHOPPEN & STÖBERN

Shopping in Wolfenbüttel fühlt sich an wie eine Schatzsuche. Nur wenige große Ketten haben es bisher in die Stadt geschafft und deshalb gibt es hier tatsächlich noch jede Menge inhabergeführte Geschäfte. Regelmäßig stattfindende Events und verkaufsoffene Sonntage sorgen für buntes Treiben und Geselligkeit rund um Stadtmarkt, Krambuden und Co.

Wie könnte ein Shoppingtag in der Okerstadt aussehen? Beim Wochenmarkt gibt's Wolfenbüttel-Feeling live und in Farbe: Ob du dem verführerischen Duft von *Käseleckerland* folgst oder die ersten Erd-

Die Atmosphäre macht's: In Wolfenbüttel shoppt man vor historischer Kulisse

beeren der Saison kostest – hier erlebst du heimische Produzenten in ihrer natürlichen Umgebung. Anschließend spazierst du durch die Fußgängerzone, stöberst bei *Bücher Behr* nach neuen Schätzen, kleidest dich bei *Unik* neu ein, findest das perfekte Mitbringsel im *Jägermeister-Shop* und kaufst bei *Barrique* mehr Leckereien, als du essen kannst. Später landest du vielleicht in der *Vitrine*, wo dir eine besonders hübsche Käsereibe über den Weg läuft – oder irgendetwas anderes, das du plötzlich unbedingt besitzen musst. Lass dich nicht aufhalten!

WO WOLFENBÜTTEL SHOPPT

MARCO POLO HIGHLIGHTS

★ **BARRIQUE**
Käse, Wein und andere Leckereien ➤ S. 58

★ **DIETRAUMGESTALTERIN**
Stylishe Mode und Taschen nach den Designs der Inhaberin ➤ S. 61

★ **JÄGERMEISTER-SHOP**
in der Tourist-Information. Mitbringsel-Alarm! ➤ S. 58

★ **POLSTEREI KRAFTSCHIK**
Recycelte Möbel und Deko für Vintage-Fans ➤ S. 61

LANGE HERZOGSTRASSE
An die Einkaufstaschen,
fertig, los!
dietraumgestalterin
JULIUSSTADT
Alter Weg
B79
Camperstraße
Wilhelm-Raabe-Straße
Camperstraße
Grüner Platz
Neuer Weg
Friedrich-Wilhelm-Straße
B79
Jägermeisterstraße
Schinkelstraß
K88
Rosenwall
Am Herzog-tore
Friedrich-Wilhelm-Straße
Neue Straße
Leopoldstraße
L627
Leipziger Str.
straße
Okerstraße
Breite Herzogstraße
Juliusstraße
Kapellenweg
Landeshuter Platz
Lindener Straße
Große Kirchstraße
Lange Straße
Karlstraße
Stadt-graben
Teichgarten
K620
Zeughausstraße
Drei-Linden-Weg
Heimstättenweg
Grimmstraße
K88
Keplerstraße
Oker
Lange Straße
200 m
219 yd

LECKER & FEIN

RÖBER GOURMETMARKT

Die zweitälteste Schlachterei Deutschlands (gegründet 1827!) ist einer der leckersten Orte der Stadt (wenn man sich nicht gerade vegetarisch/vegan ernährt). Hier gibt es hochwertiges Fleisch aus artgerechter Haltung, feine Salate, leckere Gerichte im Glas u. v. m. Die sogenannte Lessingstracke ist eine Wurst nach einem Rezept aus Lessings Zeit. Besonders beliebt ist der hausgemachte Fleischsalat! *Di, Do, Fr 8.30–18, Mi 8.30–13.30, Sa 8–13 Uhr | Kornmarkt 6 | roeber-gourmetmarkt.de | Bus Kornmarkt | Innenstadt | 🕮 H5*

BARRIQUE ★

Der örtliche Franchisenehmer dieser kleinen Kette ist mit Leib und Seele Wolfenbütteler und ein kreativer Motor für die Kulinarikszene der Stadt. In seinem Laden in der Fußgängerzone verkauft er feinsten Käse, Öle, Trüffel, Weine, Whiskey und allerlei anderes für den feinen Gaumen. Genau der richtige Ort fürs Mitbringsel-Shopping! *Mo–Fr 9.30–18.30, Sa 9.30–15.30 Uhr | Lange Herzogstr. 58 | wolfenbuettel.barrique.de | Bus Kornmarkt | Innenstadt | 🕮 H5*

JÄGERMEISTER-SHOP ★ ⚑

Wer Wolfenbüttel sagt, muss auch Jägermeister sagen. Früher hatte der Hirsch seinen eigenen Fanshop in der Stadt, heute ist die Tourist-Information der Ort, an dem du witzige, leckere und praktische Mitbringsel rund um das hochprozentige Exportgut erwerben kannst. Sondereditionen, Bauchtaschen, T-Shirts, Badelatschen – für echte Jägermeister-Fans ein Muss! *Mo–Fr 9–17, Sa 9–13 Uhr | Löwenstr. 1 | lessingstadt-wolfenbuettel.de | Bus Schlossplatz | Innenstadt | 🕮 G5*

WOCHENMARKT

Der Wolfenbütteler Markt findet mittwochs und samstags auf dem Stadtmarkt statt. Regionale Betriebe, Feinkostanbieter und kleine Händler:innen bieten ein buntes Sortiment aus Obst, Gemüse, Leckereien, Blumen, Haushaltswaren usw. Langweilig wird es hier nie und für viele Einheimische gehört der Gang über den Markt fest zum Samstagsprogramm. Kultstatus hat der Imbissstand Piske – und das seit rund 60 Jahren. Piskes Spezial ⚑ (eine Mischung aus Bratwurst, Gurken, Pommes frites und Ketchup) schmeckt besser, als es klingt. Tipp: Besonders großzügige Kunden kassieren hier ein besonders nettes „Dankeschööööön"! Wenn du lokales Feeling möchtest – ab auf den Markt. *Mi u. Sa 7–14 Uhr | Stadtmarkt | wolfenbuettel.de | Bus Kornmarkt | Innenstadt | 🕮 H5*

WOHIN ZUERST?

In der Fußgängerzone rund um **Stadtmarkt, Kornmarkt** und die **Krambuden** findest du eine große Auswahl an Fachgeschäften für jeden Geschmack. Anschließend lohnt sich ein Blick in die Seitenstraßen oder ein Ausflug in die **Juliusstadt,** wo immer mehr spannende Läden eröffnen.

Feinschmecker aufgepasst: Im Barrique gibt's beste Gaumenschmeichler

KÄSELECKERLAND

Lecker Käse! Wenn du es nicht zum Markt schaffst (hier ist Käseleckerland auch vertreten), aber trotzdem regional schlemmen und picknicken möchtest, dann empfiehlt sich ein Besuch beim Hofverkauf. Freitags nachmittags ist geöffnet, rund um die Uhr bedient dich der prall gefüllte supermoderne Käse-/Weidehuhn-Eier-Automat. Nicht verpassen! *Freitag 15–18 Uhr | Am Kälberanger 17 | kaeseleckerland.de | Bus Ungerstraße | Innenstadt | G4*

INSIDER-TIPP
Rund um die Uhr alles Käse

HÜBSCH & NÜTZLICH

DIE VITRINE/WEIHNACHTSLADEN

Die Vitrine ist ein Paradies für Hobbyköch:innen – hier gibt's fast alles für die Küche und generell für ein schönes Zuhause. Zur Weihnachtszeit versorgt der Weihnachtsladen (in anderen Monaten: *Saisonladen*) anspruchsvolle Dekofans mit Schönem, Nützlichem und überraschend wenig Kitsch für die festlichen Tage. *Mo, Di, Do, Fr 9–18, Sa 9–14 Uhr; Saisonladen öffnet eine Std. später | Breite Herzogstr. 15 | vitrine-wf.de | Bus Breite Herzogstraße | Innenstadt | H5*

BÜCHER BEHR

Bücher gehören zur Lessingstadt wie die Herzog August Bibliothek. Neue bekommst du hier. Die kleine inhabergeführte Buchhandlung lädt zum Stöbern ein und glänzt mit hervorragender Beratung – was nicht da ist, wird fix bestellt. *Mo–Fr 9.30–18.30, Sa 9–14 Uhr | Kornmarkt 4/5 | buecherbehr.buchkatalog.de | Bus Kornmarkt | Innenstadt | H5*

NATÜRLICH NORDISCH

Auch wenn man das fernab der Küste gerne mal vergisst: Du befindest dich in Norddeutschland! Dieser liebevoll gestaltete Concept Store sorgt mit Deko- und Geschenkartikeln für maritimes Feeling und ein schönes Zuhause. *Mi–Fr 10–18, Sa 10–14 Uhr | Kleine Breite 55 | Ab März 2022: Lange Herzogstraße 1 | Facebook: natuerlichnordisch | Bus Kornmarkt | Innenstadt | H5*

JUWELIER HUNGELING

Bei diesem alteingesessenen Juwelier findest du Uhren von Fossil bis Glashütte, von 100 bis 100 000 Euro. Dazu jede Menge Schmuck und eine eigene Goldschmiedewerkstatt für individuelle Wünsche. Ein kleines Highlight ist das Glockenspiel an der Hausfassade: Zu jeder vollen Stunde ertönt eine wechselnde Melodie. Auch schön, wenn das Budget nur zum Schaufensterbummel reicht. *Mo–Fr 9.30–18, Sa 9.30–14 Uhr | Lange Herzogstr. 10 | juwelier-gert-hungeling.de | Bus Kornmarkt | Innenstadt | H5*

INSIDER-TIPP
Glöckchen und Juwelen

WUNDERTÜTE

In diesem Mietregalladen kannst du nicht etwa Regale ausleihen und später zurückbringen, sondern der Laden vermietet Regale an Kreative, die keine eigene Verkaufsfläche haben.

dietraumgestalterin erfüllt Modeträume

Mode- und Schmuckdesigner:innen, Kunsthandwerker:innen u. v. m. sorgen für das bunte und wechselnde Angebot der Wundertüte. *Fr 10–18, Sa 10–13.30 Uhr | Juliusmarkt 3 | wundertuete-wf.de | Bus 793 Ecke Leopoldstraße | Juliusstadt | H5*

POLSTEREI KRAFTSCHIK ★

Individuelle Möbelstücke und Deko, mit viel Erfahrung und Liebe zum Detail – hier ist Handarbeit angesagt. Unter dem Motto „Recycling trifft Vintage-Shop" werden verschlissene Stücke von Ariane Kraftschik und ihrem Team zu neuem Leben erweckt und wieder verkauft. Schau mal rein! *Mo, Di, Do 10–18, Mi, Fr u. jeden 1. Sa 10–14 Uhr | Bahnhofstr. 8 | polsterei-kraftschik.de | Bus Bahnhof | Innenstadt | G5*

WELTLADEN

Fair gehandelte Produkte verfolgen die Vision von einer gerechteren Welt. Das Angebot: Lebensmittel, Spielzeug, Schmuck und Kunsthandwerk aus verschiedenen Ländern. Das (ehrenamtlich beschäftigte) Team weiß über die eigenen Produkte gut Bescheid und informiert dich gerne! *Mo–Fr 10–18, Sa 10–13 Uhr | Okerstr. 10 | weltlaeden.de/wolfenbuettel | Bus Kornmarkt | Innenstadt | H5*

GUT ANGEZOGEN

DIETRAUMGESTALTERIN ★

Stylishe Mode für gut angezogene Menschen, schöne Dinge fürs moderne Zuhause und Accessoires, die jedes Outfit strahlen lassen – bei Mareike Tschupke wirst du fündig. Die Inhaberin näht selbst und liebt es, ihre Kreationen an den Menschen zu bringen. Ihr Motto: Qualität statt Massenware. Auf persönliche Anfrage hin kannst du dir deine Wunschtasche zusammenstellen! *Mo u. Do 15–17.30, Di 10–13 u. 15–17.30, Fr 10–13 Uhr | Lange Str. 9 | dietraumgestalterin.de | Bus Lange Straße | Innenstadt | H5*

INSIDER-TIPP
Wunschkonzert!

UNIK

Diese kleine Boutique verkauft Mode für Damen, die Wert auf Qualität legen und nicht (nur) von der Stange kaufen möchten. Das Motto „einzigartig angezogen" ist Programm: Susann Hesse und Martin Koj sorgen dafür, dass du ihren Laden beschwingten Schrittes und mit mindestens einem neuen Lieblingsteil in der Tasche wieder verlässt. *Mo–Fr 10–16, Sa 10–14 Uhr | Lange Herzogstr. 18 | Facebook: einzigartiganziehend | Bus Kornmarkt | Innenstadt | H5*

HOSEN UND JEANS HAUS

Jeans kaufen war noch nie so einfach! Tipp: Widerstehe dem Drang, unbehelligt stöbern zu wollen, und vertraue der Beratung der Fachleute. Sie hören deine Wünsche, kennen ihr Sortiment, sehen, was dir steht, und im Nullkommanichts hast du das perfekte Beinkleid gefunden und wirst es nie wieder ausziehen wollen. *Mo, Mi, Do, Fr 9.30–18, Sa 9.30–14 Uhr | Krambuden 8 | | jeanshaus-wolfenbuettel.de | Bus Kornmarkt | Innenstadt | G5*

AUSGEHEN & FEIERN

Wahrscheinlich ist es dir schon aufgefallen: Wolfenbüttel ist nicht Berlin. Große Clubs, in denen der Bär von der Tanzfläche direkt zum Frühstück steppt, gibt es hier nicht. Ausgehen und Party machen kannst du aber trotzdem!

In gemütlichen Altstadtkneipen sitzen Ur-Wolfenbütteler neben Studenten, junge Bars locken mit spannenden Konzepten, im Irish Pub glüht das Karaoke-Mikro und am Stadtgraben gibt's einen Beach Club. Richtig abgetanzt wird hier zwar eher nach Veranstaltungskalender und an Orten, die sonst auch anders genutzt werden, aber

Lessingtheater: außen schicke Architektur, innen beste Kultur

wer sich darauf einlässt, erkennt schnell: Party machen in Wolfenbüttel hat seinen ganz eigenen Charme! Die Wege sind kurz, hier brauchst du wirklich kein Auto und am Ende eines Abends kennst du gefühlt die halbe Stadt. Auch in Sachen Kulturgenuss wirst du in Wolfenbüttel bestens bedient. Ob Theater, Konzert oder Kino, irgendwo ist immer was los. Vor allem einen Besuch im Lessingtheater solltest du dir nicht entgehen lassen! Aber Vorsicht: Auch die Einheimischen sind begeisterte Theatergänger und Vorstellungen oft schnell ausverkauft. Besser rechtzeitig reservieren!

WO WOLFENBÜTTEL AUSGEHT

RUND UM DIE KRAMBUDEN UND DEN ZIMMERHOF

In urigen Altstadt-Kneipen triffst du die Einheimischen

MARCO POLO HIGHLIGHTS

★ **KOMM BEACH CLUB**
Strandfeeling am Stadtgraben ➤ S. 66

★ **PÖLIGS GEMÜSESCHEUNE**
Wie eine Gartenparty bei Freunden. Ankommen und wohlfühlen! ➤ S. 67

★ **KUBA KULTURHALLE**
Beliebte Konzert- und Partylocation mit bunt gemischtem Programm ➤ S. 69

★ **THE KING'S HEAD PUB**
Klassisches Irish Pub mit süffigem Bier und gut gelaunten Fremden, die zu Freunden werden ➤ S. 68

★ **LESSINGTHEATER**
Wunderschönes Jugendstiltheater, in dem hochkarätige Gastensembles spielen ➤ S. 69

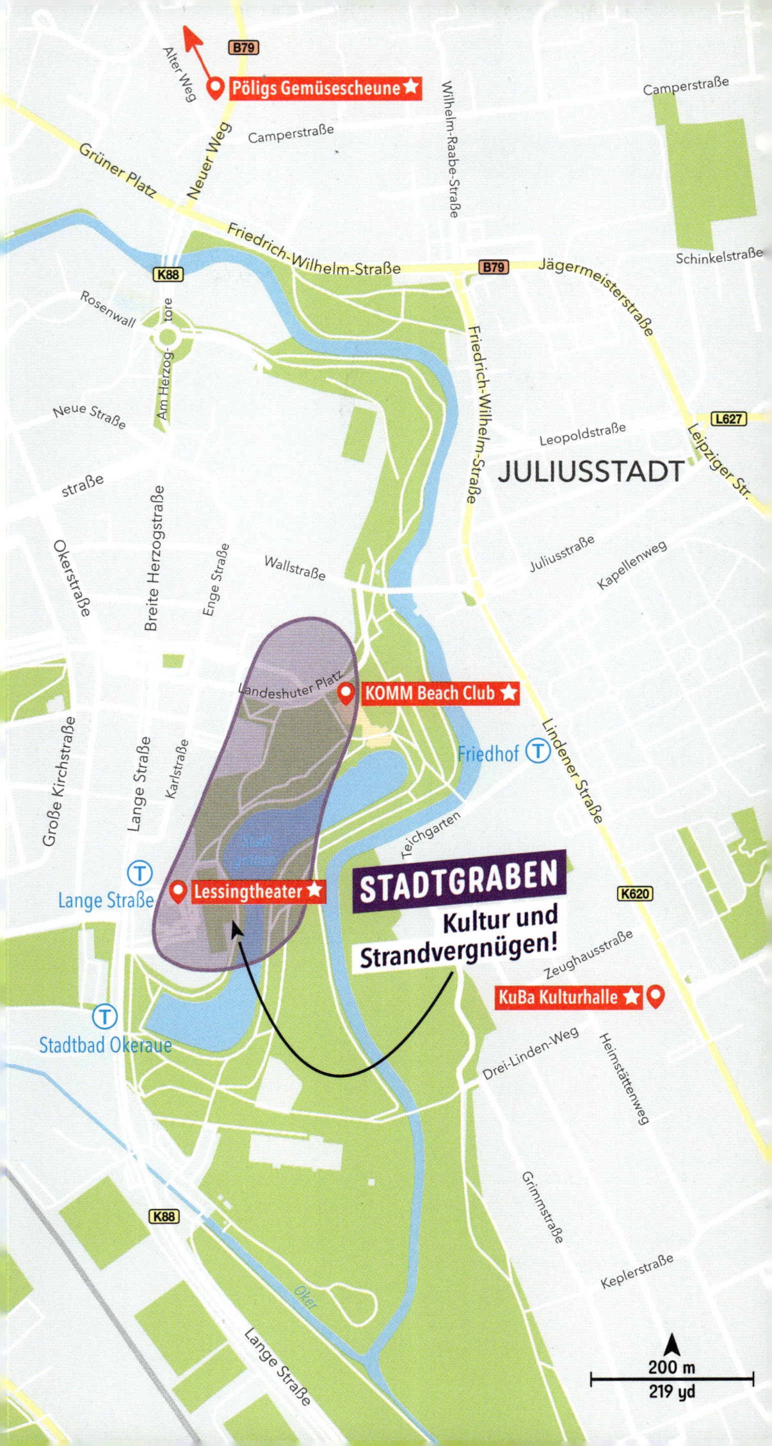

B79
Alter Weg
Pöligs Gemüsescheune
Camperstraße
Wilhelm-Raabe-Straße
Neuer Weg
Grüner Platz
Friedrich-Wilhelm-Straße
Jägermeisterstraße
Schinkelstraße
K88
Rosenwall
Am Herzogtore
Friedrich-Wilhelm-Straße
Neue Straße
L627
Leopoldstraße
Leipziger Str.
JULIUSSTADT
straße
Breite Herzogstraße
Okerstraße
Enge Straße
Wallstraße
Juliusstraße
Kapellenweg
Landeshuter Platz
KOMM Beach Club
Friedhof
Lindener Straße
Große Kirchstraße
Lange Straße
Karlstraße
Teichgarten
Lessingtheater
STADTGRABEN
Kultur und Strandvergnügen!
K620
Zeughausstraße
KuBa Kulturhalle
Stadtbad Okeraue
Drei-Linden-Weg
Heimstättenweg
Grimmstraße
Keplerstraße
Oker
Lange Straße
200 m
219 yd

BARS & KNEIPEN

ZUR MÜHLE
Sehr rustikale, gemütliche Kneipe, in der alteingesessene Wolfenbütteler zwischen Studenten sitzen – die Mühle ist für jeden da! Hier sind die Preise günstig, es gibt Bier, Cocktails und kleine Snacks, für Geselligkeit sorgen Kicker und Billardtisch. *Mo–Do 17–1, Fr–Sa 17–4 Uhr | Mühlenstr. 3 | Facebook: Zur-Mühle | Bus Schlossplatz | Innenstadt | H5*

ALT-WOLFENBÜTTEL / „THEO"
Die älteste und urige Kneipe der Stadt ist eine Institution! Von den Einheimischen wird sie nach wie vor Theo genannt – nach dem ehemaligen Besitzer.

INSIDER-TIPP
Eine für alles!

Beliebt zum Feierabendbier, zum Fußballgucken, nach dem Marktbesuch, vor der Disco … eigentlich immer! Im Innenraum darf geraucht werden. *Mo–Do 11–14 u. 17–22, Fr 11–14 u. 17–0, Sa 11–0, So 13–20 Uhr | Krambuden 6 | Bus Schlossplatz | Innenstadt | G5*

WOHIN ZUERST?
Du startest gemütlich mit einem Drink im **Zum Glück** oder im **KOMM Beach Club**, bevor es dich in die erste Altstadtkneipe zieht. Danach geht's – zu Fuß oder mit dem Rad – zum Tanzen, z. B. in die **KUBA Kulturhalle** oder in die **Ratskeller Lounge**. Wichtig: Vorher den Veranstaltungskalender checken!

VERÄNDER.BAR
Bühne – Theke – Sofa: Die Veränder. Bar ist ein buntes Kulturcafé mit Bar, das von Schülern und Studierenden betrieben wird. Es finden regelmäßig Quizabende und kleine Konzerte statt.

INSIDER-TIPP
Willst du tauschen?

Beliebt ist auch das Foodsharing-Angebot, bei dem gerettete Lebensmittel der Allgemeinheit zur Verfügung gestellt werden. Eine tolle Wohnzimmer-Location in der es lässig und gemütlich zugeht. *Di–Do 10–19, Fr–Sa 18 –22 Uhr | Kreuzstr. 13 | Bus Breite Herzogstraße | Innenstadt | H5*

ZUM GLÜCK
Richtig großstädtisch wirkt die schick illuminierte Bar im *Zum Glück* ➤ S. 50. Der fruchtig-aromatische „Glücksgriff" ist – wie schon der Name sagt – garantiert die richtige Wahl für den Start in den Abend! Wenn du es lieber klassisch und stilsicher magst, greifst du zum Mule im Kupferbecher.

KOMM
In der modernen Eventlocation finden neben Privatfeiern auch öffentliche Konzerte und Partys statt. Tanz in den Mai, Ü30-Partys, Silvestergala – ein Blick in den Veranstaltungskalender lohnt sich! Ein Restaurant gehört ebenfalls zur Location. Liegt etwas außerhalb des Stadtzentrums. *Schweigerstr. 8 | kommwf.de | Bus Schweigerstraße | Innenstadt | K4*

KOMM BEACH CLUB ★
Cocktails schlürfen, aufs Wasser gucken, die Füße im Sand vergraben

Fast wie am Meer: chillige Atmosphäre im Komm Beach Club

INSIDER-TIPP
Ab in den Süden!

und mit Freunden quatschen … Die Beachbar am Stadtgraben beamt dich im Nullkommanichts in den Urlaub. Wenn die Sonne nicht scheint, sitzt du auch drinnen sehr schön. Neben leckeren Drinks gibt's Burger, Salate und Co. *Mo–Fr ab 15, Sa–So ab 12 Uhr | Landeshuter Platz 6 | kommbeach club.de | Bus Breite Herzogstraße | Innenstadt | H5*

SCHLOSS-SCHÄNKE

Diese sehr angenehme Gastrokneipe liegt direkt am Schlossplatz. Hier gibt's Bier, Burger und Currywurst sowie ein gemischtes Publikum. Draußen genießt du bei einem frisch gezapften Wolters den herrlichen Schlossblick, im Innenraum geht's rustikal und schnörkellos-gemütlich zu. *Di–Do 17–0, Fr 17–1, Sa 11–1, So 15–22 Uhr | Schlossplatz 17 | schloss schaenke.net | Bus Schlossplatz | Innenstadt | G5*

PÖLIGS GEMÜSESCHEUNE ★

Ein Abend wie bei Freunden in Garten! Hier sitzt du bei Flaschenbier oder Weinchen auf Gartenstühlen und an Bierbänken. Zwischendurch gönnst du dir Pommes oder ein Fischbrötchen bei Bastis Fischbude ➤ S. 50 und danach spazierst oder radelst du gemütlich zurück in die Stadt. Tagsüber gibt's hier erntefrisches Gemüse und Obst aus eigenem Anbau, und das in zehnter Generation. *Di u. Fr ab 16 Uhr | Alter Weg 44 | poelig-wf.de | Busse 420, 793 Mittelweg | Innenstadt | H4*

MUSIK & FEIERN

THE KING'S HEAD PUB ★

Sehr sympathisches Irish Pub mit Livemusik, Karaoke, Quiz-Night usw. Hier kommt man schnell ins Gespräch und ehe man sich versieht, ist schon das dritte oder vierte Guinness über den Tresen gewandert. Macht aber nichts, denn die Preise sind auch sympathisch! *Mo–Do 18–2, Fr–Sa 16–4 Uhr | Kommißstr. 10 | Facebook: The-Kings-Head-Wolfenbüttel | Bus Kornmarkt | Innenstadt | H5*

FRITZ-UNFASSBAR-ANDERS

Wer auf Schlager steht, wird in dieser legendären Kneipe glücklich! Regelmäßige Themenpartys, auch der Biergarten ist beliebt. Im holzvertäfelten Innenraum gibt's einen Kicker und eine Dartscheibe. Drinnen darf geraucht werden. *Do–Fr 15–23, Sa 14–23 Uhr | Großer Zimmerhof 20 | Facebook: fritzunfassbaranders | Bus Schulwall | Innenstadt | H5*

RATSKELLER LOUNGE

Dancefloor statt Kulinarik! Jeden zweiten Samstag ab 22 Uhr rockt hier das Gewölbe. Wechselnde DJs bringen Stimmung in die Traditionsräume unter dem Rathaus. Wahre Fans kommen erst zum Essen und lassen nach dem Dessert die Hüften kreisen ➤ S. 50. *Stadtmarkt 2 | ratskellerwolfenbuettel.de | Bus Kornmarkt | Innenstadt | H5*

INSIDER-TIPP
Wenn der Stadtrat schläft

Lessingtheater: gediegene Kulisse für hochkarätige Aufführungen

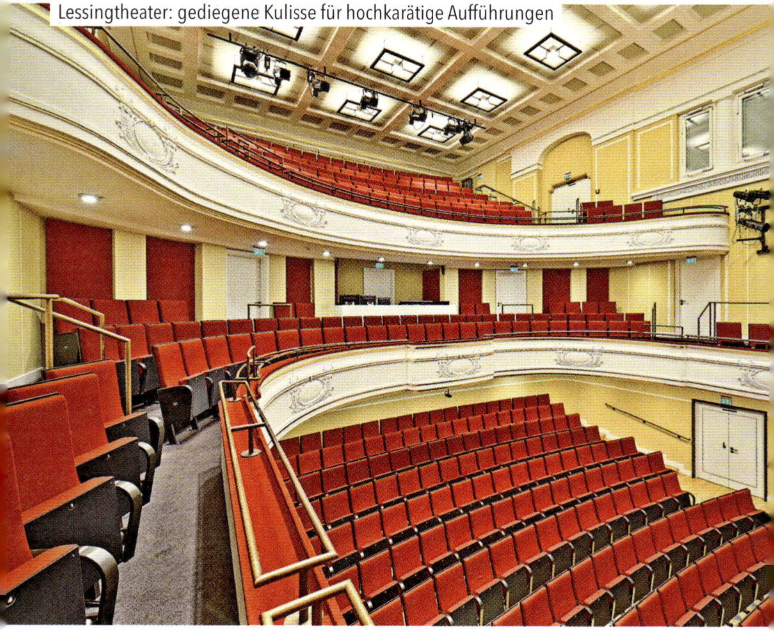

KUBA KULTURHALLE ★

Ganz viel Livemusik, ein bunt gemischtes Publikum und eine gut bestückte Theke – hier gibt's alles, was du zu einem gelungenen Abend brauchst. In der KuBa Kulturhalle finden jedes Jahr unzählige Veranstaltungen statt. Das Spektrum ist breit: Von Ska bis Comedy – seit über 20 Jahren wird in den ehemaligen Produktionsstätten der KUBA-Tonmöbel gerockt, gejammt, gespielt, gelacht und gelauscht. *Lindener Str. 15 | kuba-halle.de | Bus Zeughausstraße | Linden | H5*

THEATER & KINO

LESSINGTHEATER ★

Willkommen im schönsten Theater Norddeutschlands! Das Gebäude wurde Anfang des 20. Jh. im Jugendstil erbaut und vor wenigen Jahren umfassend und liebevoll modernisiert. Vor allem der Innenraum ist ein echter Hingucker, aber auch das Äußere kann sich sehen lassen. Du solltest aber natürlich nicht nur das Interieur bestaunen, denn auch auf der Bühne gibt es jede Menge zu sehen. Spannend: Das Haus hat kein eigenes Ensemble. Um dennoch jährlich an die 100 Produktionen aus Schauspiel, Konzert, Kabarett, Kindertheater usw. zeigen zu können, legen sich die Theatermacher mächtig ins Zeug und holen hochkarätige Ensembles in die Stadt. Im Herbst feiert Wolfenbüttel den Beginn der Theatersaison, dann wird (wie beim alljährlichen KulturSommer ➤ S. 86) auch der Vorplatz als Bühne genutzt. *Tickets unter Tel. 05331 86-501 oder an der Theaterkasse* ➤ S. 100 *| Harztorwall 16 | lessingtheater-wf.de | Bus Lange Straße | Innenstadt | H5*

KLEINE BÜHNE

Seit über 30 Jahren ist das Laientheater ein fester Bestandteil der Wolfenbütteler Kulturlandschaft und hat seitdem weit über 100 Stücke inszeniert. Zu sehen gibt's vor allem Komödien und Schauspiele für Kinder und Erwachsene, gespielt wird meistens im Theatersaal und im Innenhof des Wolfenbütteler Schlosses. *Tickets unter Tel. 05331 85 52 21 | kleine-buehne-wf.de | Bus Schlossplatz | Innenstadt | G5*

CINESTAR

Größeres Kino, in dem aktuelle Blockbuster gezeigt werden, mit Parkmöglichkeiten direkt vor der Tür. Für ein Mainstream-Kino ist das Cinestar jedoch angenehm familiär und je nach Programm eine gute Alternative für Regentage. *Bahnhofstraße 9 B | cinestar.de | Bus Bahnhof | Innenstadt | G5*

FILMPALAST

Ein traditionsreiches, aber schön renoviertes Kino, in dem außer aktuellen Streifen auch interessante Arthouse-Produktionen gezeigt werden. Ab und zu finden auch Sonderveranstaltungen wie Mädelsabende und – im Rahmen des KulturSommers ➤ S. 86 – das Open-Air-Sommerkino im Schlossinnenhof statt. *Lange Str. 5 | filmpalast-wf.de | Bus Kornmarkt oder Breite Herzogstraße | Innenstadt | H5*

NÖRDLICHES HARZ-VORLAND

Vor den Toren Wolfenbüttels und zwischen Goslar (Harz) und Braunschweig erwartet dich eine Region, die vielseitiger kaum sein könnte: das Nördliche Harzvorland.

Zwischen bewaldeten Höhenzügen und postkartengrünen Tälern triffst du auf Relikte aus der Zeit des Eisenerzabbaus und des technischen Aufbruchs im Vorharz. Alte Windmühlen und modern geführte Hofläden zeigen, wie die Menschen hier früher und heute einerseits im Einklang mit und von der Natur leb(t)en und andererseits von der Industrialisierung profitier(t)en.

Nostalgische Windmühlen gehören zur Region wie die idyllische Landschaft

Ob du mit dem Auto von Ort zu Ort fährst, auf zwei Rädern den Spuren von Till Eulenspiegel folgst oder in Wanderschuhen die Höhenzüge Asse, Elm und Odenwald erkundest, bleibt dir überlassen. Neben traditionsreichen Gasthäusern warten liebevoll geführte Cafés und Hofläden auf hungrige Besucher und leere Einkaufstaschen. Vogel-Spotting an den Schöppenstedter Teichen oder am Heerter See, Industriekultur und Wassersport in und um Salzgitter, Eisenbahnromantik in Vienenburg, Schoko-Shopping in Cremlingen – es gibt jede Menge zu sehen, zu tun und zu erleben!

NÖRDLICHES HARZVORLAND

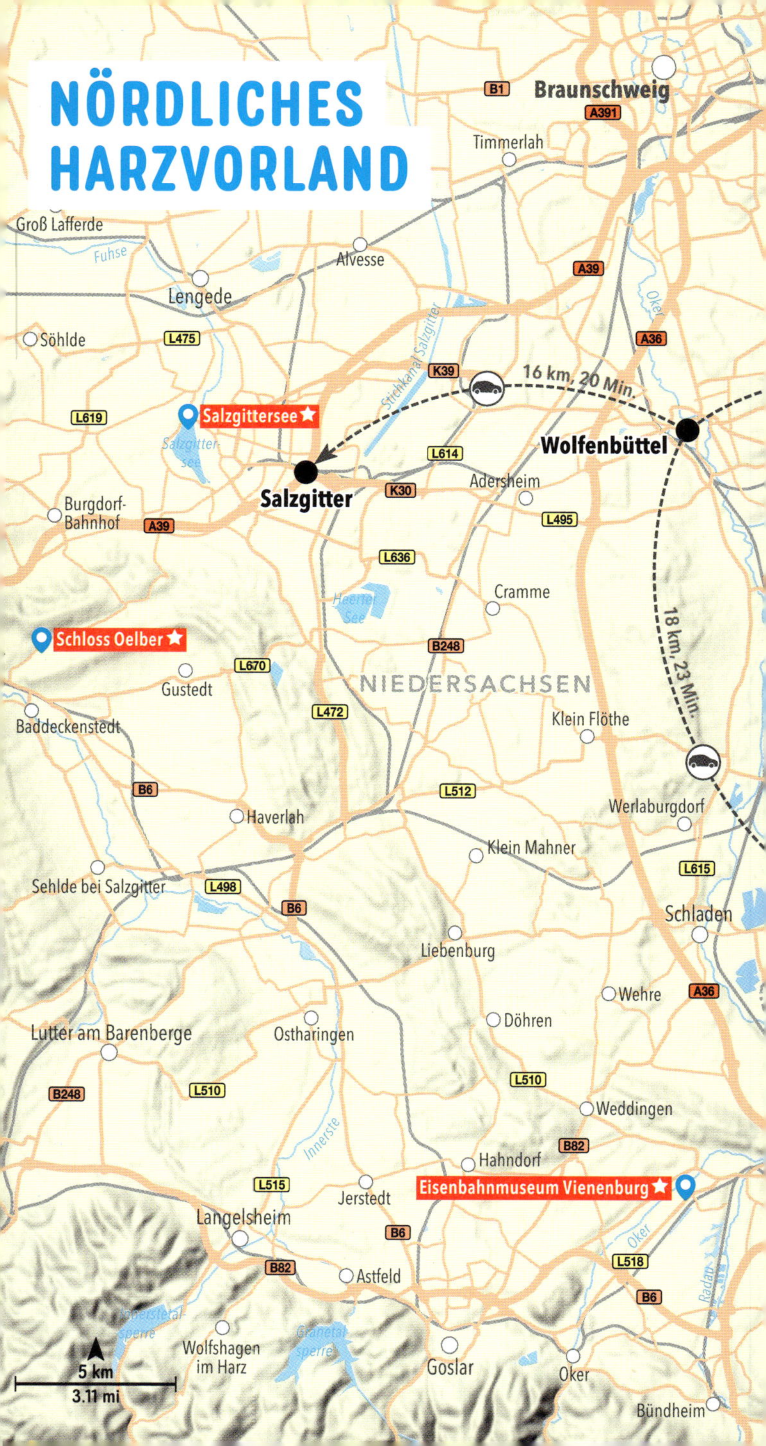

MARCO POLO HIGHLIGHTS

★ **RITTERGUT LUCKLUM**
Kleine Zeitreise mit Kaffee und Kuchen
➤ S. 74

★ **TILL EULENSPIEGEL-MUSEUM**
Hat es ihn wirklich gegeben? Hier erfährst du mehr ... ➤ S. 76

★ **SCHÖPPENSTEDTER TEICHE**
Für Vogelfreunde und solche, die es werden wollen ➤ S. 77

★ **KAISERPFALZ WERLA**
1000 Jahre unentdeckte mittelalterliche Fundgrube ➤ S. 77

★ **SALZGITTERSEE**
Sport und Spaß am Wasser, auf dem Wasser und ums Wasser herum ➤ S. 79

★ **SCHLOSS OELBER**
Spukschloss meets Geist der Weihnacht
➤ S. 80

Stapelburg
Schmatzfeld

CREMLINGEN

(◫ 0) **Cremlingen liegt an einer mittelalterlichen Handelsstraße, die von Köln über Braunschweig nach Magdeburg führte.**

Nachdem man Anfang des 20. Jh. auf eine Solequelle gestoßen war, träumte der Ort von einer Zukunft als Heilbad. Entsprechende Pläne scheiterten, zuschütten klappte nicht und so sprudeln noch heute täglich mehrere Tausend Liter Wasser ungenutzt aus der Erde (nahe der Kläranlage, als kleiner Teich erkennbar).

SIGHTSEEING

MUSEUMSMÜHLE ABBENRODE

In Cremlingen-Abbenrode steht die letzte funktionsfähige Bockwindmühle mit Jalousieklappenflügel im Braunschweiger Land. Die Windmühle von 1880 bildet zusammen mit einer Motormühle von 1907, dem Wohnhaus für den Müller mit Heimatstube und einem nach historischem Vorbild errichteten Backofen ein spannendes Denkmalensemble. *Außenbesichtigung jederzeit, Innenbesichtigung/Führung nach Absprache (s. Website) | Mühlenweg 6 (Parkplatz am Ackerweg!) | museumsmuehle-abbenrode.de | Cremlingen-Abbenrode*

SHOPPEN & STÖBERN

CONFISERIE WEIBLER

Seit 1990 wird in Cremlingen Schokolade produziert – jährlich über 700 Tonnen. Der Fabrikverkauf lockt mit Trüffeln und Pralinen, kunstvoll gestalteten Lollis, Reliefschokolade u.v.m. Schoko-Schnäppchen und feinste Confiserie zum Mitbringen oder Selbstessen! *Mo–Fr 8–18, Sa Juni–Aug. 9–13 u. Sep.–Mai 8–14 Uhr | Im Rübenkamp 17 | confiserie-weibler.de | Cremlingen*

LUCKLUM

(◫ 0) **Es wird idyllisch! Das von Alleen und alten Bäumen geprägte Dorf Lucklum liegt am Westhang des Höhenzuges Elm und ist das Eingangstor zum Erholungs- und Wandergebiet Reitlingstal.**

Offiziell ist Lucklum ein Ortsteil von Erkerode, doch das hiesige Rittergut machte den Ort zum beliebten Ausflugsziel. Die windverwöhnte Region rund um Lucklum gilt auch als „Land der Mühlen": Hier gab es ursprünglich ca. 300 Wind- und Wassermühlen.

SIGHTSEEING

RITTERGUT LUCKLUM MIT CAFÉ ★

Die jahrhundertealte Gutsanlage mit Herrenhaus, Kirche, landwirtschaftlichen Gebäuden und Ställen sowie dem Landschaftspark ist ein echter Hingucker! Teilbereiche sind öffentlich zugänglich. Heute werden hier Biolandwirtschaft und Forstwirtschaft betrieben, regionale Produkte kannst du vor Ort kaufen. Das gemütliche Café im ehemaligen Kuhstall mit Au-

Biergarten-Chilling unter Bäumen auf Rittergut Lucklum

ßenbereich unter alten Kastanien wird vom Team des Ratskeller Wolfenbüttel ➤ S. 50 betrieben. *Öffnungszeiten Café So 13–17.30 Uhr | Gutshof 1 | rittergut-lucklum.de*

RUND UM LUCKLUM

NATURPARK ELM-LAPPWALD

14 km/14 Min. mit dem Auto von Lucklum

Etwa 1000 zum Teil bedrohte Pflanzenarten sind hier zu Hause. Das wellige Hügelland mit Wäldern, geschützten Feuchtgebieten und Heideflächen, Quellflüssen, kleinen Seen sowie Zeugnissen frühgeschichtlicher Besiedlung ist ein tolles Rad- und Wandergebiet. *elm-lappwald.de*

BOCKWINDMÜHLE DETTUM

7 km/10 Min. mit dem Auto von Lucklum

Jahrelang lag diese Mühle von 1863 im Dornröschenschlaf. 1961 war sie von einem Sturm stark beschädigt worden. Auf Initiative der Dettumer Bewohner wurde sie wiederhergestellt und wird seit 1978 jährlich am Pfingstmontag – dem Deutschen Mühlentag – in Betrieb gezeigt. Nach einem Eigentümerwechsel steht die Mühle mittlerweile ca. 80 Meter weiter westlich des Originalstandortes. Heute werden hier auch angehende Müller ausgebildet. Das Mehl, das dabei entsteht, wird direkt neben der Mühle zu Dettumer Mühlenbrot verbacken. *Führungen nach Absprache (s. Website) | Bahnhofstraße 2 | windmuehle-dettum.de | Dettum*

SCHÖPPEN-STEDT

(🕮 0) **Ein spaßiges Städtchen! Zur „Stadt der Streiche" wurde Schöppenstedt nicht nur wegen Till Eulenspiegel, der im nahen Kneitlingen geboren worden sein soll. Erzählungen aus dem 17. Jh. berichten von Späßen, die sich die Schöppenstedter erlaubt haben sollen – allerdings werden dieselben Streiche an anderer Stelle den Schildbürgern zugeschrieben, was die Sache ein wenig relativiert.**

Im Laufe der Jahrhunderte überlebte die Stadt einige Feuerbrünste und einen besonders schlimmen Überfall im Jahr 1602, bei dem die Braunschweiger mit leeren Wagen einfielen und 28 Fässer Bier entwendeten! Der Höhenzug Asse zwischen Wolfenbüttel und Schöppenstedt ist ein beliebtes Wander- und Radfahrgebiet. Bei guter Sicht genießt du tolle Ausblicke zum Elm und zum Harz. Bekannt ist das Gebiet durch ein ehemaliges Salzbergwerk, die „Schachtanlage Asse".

SIGHTSEEING

TILL EULENSPIEGEL-MUSEUM ★ ☂

Hinter dem bunten Kinderbuchhelden steckte viel mehr als ein harmloser Spaßmacher: Nachdem das Origi-

Dem Schalk auf der Spur im Till Eulenspiegel Museum

nal aus dem 16. Jh. zunächst in Gelehrtenkreisen zirkulierte, wurde seit dem 19. Jh. eine entschärfte Fassung zum Kinderbuchschlager. Das Museum zeigt den Facettenreichtum der Figur und stellt einiges infrage, was du zu wissen glaubtest. Highlight ist das älteste Buch des Museums von 1555, das nur noch in diesem einen Exemplar vorhanden ist. *Di–Fr 14–17, Sa–So 11–17 Uhr | Eintritt Erwachsene 4,50 Euro, bis 18 J. 2,50 Euro, Familie (max. 2 Erwachsene. u. 3 Kinder) 11 Euro | Nordstraße 4 | eulenspiegel-museum.de | ca. 1½ Std.*

TILL EULENSPIEGEL RADWEG

Mit dem Fahrrad auf den Spuren des Schelms ➤ S. 96

SCHÖPPENSTEDTER TEICHE ★

Pack das Fernglas aus, es geht zum Vogel-Spotting! Noch 1997 sahen die ehemaligen Klärteiche einer längst geschlossenen Zuckerfabrik aus wie eine Mondlandschaft. Dann pachtete der NABU das Gebiet und verwandelte es in ein Paradies für Wasservögel. *Anreise: vom Parkplatz Banslebener Kuckucksmühle + ca. 1 km Fußweg oder über den Eulenspiegel-Radweg | nabu.de*

RUND UM SCHÖPPENSTEDT

BISMARCKTURM

10 km/18 Min. mit dem Auto von Schöppenstedt

Der 24 m hohe Turm in der Asse bei Wittmar wurde 1900–1901 zu Ehren des Reichskanzlers Otto von Bismarck errichtet und steht heute unter Denkmalschutz. Für den Bau wurden Muschelkalk und Dolomit aus der Asse verwendet. Für den Blick von oben lohnt sich das kleine Wadentraining! *1. Mai–1. Nov. jederzeit | Eintritt frei | ca. 2 km Fußweg vom Wittmarer Ortszentrum | hva-asse.de/die-asse/bismarckturm | Wittmar*

HORNBURG

(0) **Das historische Fachwerkstädtchen liegt im wunderschönen Ilsetal, am Fuße des kleinen Fallsteins.**

Mit der unter Denkmalschutz stehenden mittelalterlichen Altstadt und fast 400 Fachwerkhäusern ist Hornburg eine der schönsten Kleinstädte Norddeutschlands. Im Mittelalter war „die Toskana des Nordens" ein bedeutender Hopfenanbauort. Entlang der Wasserstraße stehen zahlreiche prächtige Fachwerkhäuser aller Stilepochen wie das Neidhammelhaus von 1563 *(Wasserstraße 2)* und das Storchenhaus von 1560 *(Wasserstraße 14).*

RUND UM HORNBURG

KAISERPFALZ WERLA ★

7 km/13 Min. mit dem Auto von Hornburg

Fast 1000 Jahre lang war die einst prachtvolle Königs- und Kaiserresidenz in Vergessenheit geraten. Dann wurde das Gebiet von Archäologen wiederbelebt: Wesentliche Strukturen wurden nachgezeichnet und teils nachgebildet. Die moderne Anlage umfasst jedoch nur etwa 30 % des Volumens ihres Vorgängers im 10. Jh. Dennoch ist die Kaiserpfalz Werla der größte archäologische Park Norddeutschlands. Sie liegt südöstlich von Werlaburgdorf oberhalb der Oker. *kaiserpfalz.schladen-werla.de*

KLOSTERGUT HEININGEN MIT HOFLADEN

11 km/11 Min. mit dem Auto von Hornburg

Das Kloster Heiningen wurde um 1000 gestiftet und mit umfangreichem Grundbesitz ausgestattet. Von den mittelalterlichen Gebäuden ist nur noch die Kirche mit kreuzförmigem Grundriss und Turm erhalten. Heute wird auf dem Gut vor allem ökologische Landwirtschaft betrieben. Im Hofladen gibt es allerlei Leckereien, darunter mehr als 30 Sorten Käse aus eigener Herstellung, die darauf warten, von dir entdeckt zu werden. Außerhalb der Öffnungszeiten versorgt dich die 24-h-Milchtankstelle. *Di, Do, Fr 10–13 u. 15–18 Uhr u. am 1. Sa im Monat 10–13 Uhr | Gutshof 2 | klostergut-heiningen.info | Heiningen*

KLOSTERGUT WÖLTINGERODE

15 km/19 Min. mit dem Auto von Hornburg

INSIDER-TIPP
Hochprozentiger Genussort!

Seit 1682 ist das Klostergut Wöltingerode für seinen Edelkorn und feinste Liköre berühmt. Neben der hauseigenen Klosterbrennerei gibt es hier auch einen Hofladen, eine Klosterbäckerei, eine Fischräucherei, einen Kräutergarten und ein komfortables Hotel. Infotafeln erzählen die Geschichte des Benediktinerklosters von 1174. *Öffnungszeiten Hofladen Sommer Sa u. So 10–17 Uhr, Winter Mo–Fr 11–16, Sa u. So 12–16 Uhr | Wöltingerode 3 | klosterbrennerei-woeltingerode.de | Goslar OT Vienenburg*

EISENBAHNMUSEUM VIENENBURG

12 km/13 Min. mit dem Auto von Hornburg

Im ehemaligen Empfangsgebäude des Vienenburger Bahnhofs erhältst du auf rund 100 m² einen Überblick über die Entwicklung der Eisenbahn und ihre Bedeutung für den nördlichen Vorharz. Die Modelleisenbahnanlage, die den Bahnhof im Jahr 1963 zeigt, alte Fahrpläne, Uniformen und Fahrkartendrucker machen ein Stück Eisenbahngeschichte lebendig. *Do–So 15–17 Uhr | Bahnhofstraße 8 | eisenbahnmuseum-vienenburg.de | Goslar OT Vienenburg | ca. 1 Std.*

SALZGITTER

(🕮 0) **Industriekultur hautnah erleben – das geht in und um die Stadt Salzgitter.**

Lange prägten der Eisenerz-Bergbau und die Landwirtschaft die Region, nach dem Zweiten Weltkrieg fanden Tausende Vertriebene und Geflüchtete in der offiziell erst 1942 gegründeten Stadt eine neue Heimat. Heute ist Salzgitter der drittwichtigste Industrie-

Ziemlich imposant: Fischsaurier im Schloss Salder

standort Niedersachsens und zu Recht stolz auf sein Aushängeschild – den wunderschönen Salzgittersee!

SIGHTSEEING

SALZGITTERSEE

Ob mit dem Tretboot, auf Wasserskiern, mit dem Surfbrett oder im Ruderboot – wenn du dich auf dem Wasser wohlfühlst, bist du hier richtig, und wenn nicht, dann auch: 1600 Meter Strand rund um den künstlich geschaffenen See ermöglichen ungestörtes Sonnenbaden, auf dem Piratenspielplatz werden kleine Entdecker glücklich. Die Insel im See bietet Raum für Spaziergänge, Kunstgenuss und Disc-Golf-Turniere. *salzgitter.de*

STÄDTISCHES MUSEUM/ SCHLOSS SALDER

Das Museum in dem 1608 erbauten Renaissanceschloss informiert dich über die Geschichte des Salzgittergebietes. Zu den Stars der Ausstellung gehört ein Fischsaurier, der in der Unterkreidezeit vor 115 Millionen Jahren lebte und dessen Skelett 1940 in Salzgitter beim Erzbergbau unter Tage entdeckt wurde. Spannend sind auch die Spielzeugsammlung sowie der Eiszeitgarten und der Mühlengarten im Außenbereich. Außerdem gibt es viele Wechsel- und Sonderausstellungen. *Di–Sa 10–17, So 11–17 Uhr | Eintritt frei | Museumstr. 34 | salzgitter.de | ca. 2 Std.*

INSIDER-TIPP
Ältester Einwohner der Stadt!

HEERTER SEE

Mit dem Heerter See kommt Salzgitter auf 287 Hektar Landschaftsschutzgebiete. Dieser künstlich geschaffene See diente einst bei der Eisenerzwäsche als Schlammabsetzteich. Heute ist er wegen seiner großen Schilfflächen ein idealer Lebensraum für unzählige Vogelarten – auch Kraniche, Fischadler und Kormorane sind hier zu Hause. Wie wäre es mit einer Wandertour um den See (ca. 6 km), um vielleicht den einen oder anderen Vogel zu sichten? Du startest am Parkplatz direkt hinter der Ortsausfahrt von Salzgitter-Heerte in Richtung Gebhardshagen. *salzgitter.de | Salzgitter OT Heerte*

WELLNESS

THERMALSOLBAD SALZGITTER-BAD

In rund 200 Metern Tiefe sprudelt im Herzen der Salzgitterer Altstadt eine 25-prozentige Natursole, die von der Quelle direkt ins Thermalsolbad geführt wird. Dort wird sie aufbereitet und den Wasserbecken in optimaler Konzentration zugesetzt. Deine Aufgabe besteht darin, dich hineinzusetzen und zu entspannen! Außerdem gibt es ein Solewellenbad, eine Saunalandschaft und ein Fitnessstudio. Massiert wirst du auf Wunsch ebenfalls. *Di–Fr 9.30–21, Sa u. So 9–19 Uhr | Tageskarte Bad Erwachsene 9 Euro, 3–16 J. 4 Euro, Familien (2 Erwachsene u. 2 Kinder oder 1 Erwachsener u. 3 Kinder) 20 Euro | Parkallee 3 | thermalsolbad.de*

RUND UM SALZGITTER

SCHLOSS OELBER ★

11 km/16 Min. mit dem Auto von Salzgitter

Ein rundes Schloss – und es hat schon viel erlebt! Seit 1274 gehört das fast 800 Jahre alte Schloss dem Adelsgeschlecht von Cramm. In den 1930er-Jahren wurde es als Heimat des Wimbledon-Siegers Gottfried Freiherr von Cramm bekannt und ca. 20 Jahre später als „Das Spukschloss im Spessart" zum Filmstar. Heute finden hier Märkte, Ausstellungen und andere Veranstaltungen statt. Besonders schön zur Weihnachtszeit: Beim größten Indoor-Christkindlmarkt der Region wird in den ehemaligen Stallungen, in der Jagdscheune, in der Alten Schmiede usw. zum Schnuppern, Schlemmen und Staunen eingeladen (mit Eintritt). *Rittergut 1 | schloss-oelber.de | Baddeckenstedt*

SCHROEDERSTOLLEN

25 km/27 Min. mit dem Auto von Salzgitter

Die stillgelegte Bergwerksanlage wird seit einigen Jahren von Ehrenamtlichen liebevoll zum Besucherbergwerk ausgebaut. Ziel des Projekts ist es, die Welt unter Tage im Originalzustand der 1960er-Jahre zugänglich zu machen und einen Einblick in die Arbeitswelt der Bergleute zu vermitteln. Der ehemals 2,2 km lange Stollen ist so weit saniert, dass Führungen auf den ersten Metern möglich sind. Am ehemaligen Bahnhofsgebäude gibt es Lokomotiven und Grubenfahrzeuge zu sehen. *Führungen ohne Anmeldung April–Okt. jeden 2. So im Monat 11, 14 u. 16 Uhr, Treffpunkt an der Geopunkt-Infotafel an der L510/Halde Schroederstollen, von dort Hinweisschildern zu Fuß folgen, Parken in Klein Döhren | schroederstollen.de | Liebenburg OT Groß Döhren*

AKTIV & ENTSPANNT

Eine Runde Trendsport gefällig? Discgolf im Seeliger Park

SPORT, SPASS & WELLNESS

RENNEN UND RADELN

Es soll ja Leute geben, die auch im Urlaub joggen gehen. Falls du dazugehörst, findest du tolle Strecken rund um den Stadtgraben: Hier kannst du einmal rund um die Altstadt laufen – sowie im Oderwald oder im Lechlumer Holz. Laufschuhe „vergessen"? Wie wäre es mit einer gemütlichen Radtour ins Nördliche Harzvorland? Wenn's nicht so weit sein soll: Die *Schöne-Dörfer-Tour* (41 km) war 2004 die erste beschilderte Rad-Freizeitroute im Landkreis Wolfenbüttel. Infos: lessingstadt-*wolfenbuettel.de*

AB AUF'S (UND INS) WASSER

Schon mal geSUPt? Falls nicht: Der *Okerpirat (Preise und Termine s. Website | Marktstr. 4 | okerpirat.de)* bringt es dir bei und im Nu stehst du auf dem Board. Es werden Stadtführungen angeboten; wer sich alleine sicher fühlt, bucht die Schatzsuche. Wenn du dich lieber selbst im Wasser bewegst, empfiehlt sich ein Besuch im *Stadtbad Okeraue (Tageskarte Erwachsene 5,50 Euro, 6–7 J. 3,70 Euro, 0–5 J. frei | Lange Str. 21)*. Hier gibt's jede Menge Schwimm-, Rutsch- und Springspaß für Groß und Klein, und das – dank Cabriodach – bei jedem Wetter! Dank des Kanuverleihs am Stadtbad *(Preise 1,5 Std. 8 Euro, jede weitere Std. 3 Euro, ganzer Tag auf Anfrage)* kannst du die Stadt und ihre Umgebung auf eigene Faust entdecken. Wer das Wasser ganz und gar scheut, findet hier einen Erlebnisgolf-Parcours *(Preise pro Spiel/12 Bahnen Erwachsene 4,50 Euro, 6–14 J. 3,50 Euro, Kinder unter 6 Jahren frei)*. Wie Minigolf, aber besser! Infos: *stadtbad-okeraue.de*

Im Westen der Stadt erwartet dich mit dem *Natur- und Familienbad Fümmelsee (Mai–Sep. 10–20 Uhr | Eintritt Erwachsene 3,30 Euro, 3–18 J. 2 Euro,*

Hoch zu Rad von Wolfenbüttel aus ins Umland

Familien (2 Erwachsene + 2 Kinder) 10 Euro, jedes weitere Kind 1,50 Euro | Am Fümmelsee 5 | fuemmelsee.de) ein wunderschöner Naturbadesee.

FITNESS UND TRENDSPORT

Jetzt wird's crazy! Beim *Discgolf (Parcours kostenfrei, Leihgebühr Scheiben 5 Euro für 4 Scheiben | Am Seeligerpark | lessingstadt-wolfenbuettel.de)* geht es darum, etwas schwerere Frisbees in einen 80–100 m entfernten Korb zu werfen. Ein Set Scheiben inklusive Score-Karte kannst du in der Tourist-Info ➤ *S. 100* ausleihen. Der *Trashpark Wolfenbrooklyn (Nutzung gratis | Zugang Lange Str. 39 hinter ARAL)* bietet jede Menge Herausforderungen für Skater. Ein Open-Air-Fitnessstudio gibt es in den Wallanlagen: Im *Generationenpark (kostenfrei | Wallstraße/Am Herzogtore | lessingstadt-wolfenbuettel.de)* warten elf Trainingsgeräte auf motivierte Sportler. Einfach dazukommen kannst du im Sommer auch beim Beachvolleyball am *KOMM Beach Club* ➤ *S. 66*. Indoorsport bietet das *KOMM Sport Center (Preise s. Website | Schweigerstraße 8 | kommwf.de/kommsport)* mit u.a. Tennis und Squash. Im *Bogenschießcenter (Preise u. Termine s. Website | Nelkenweg 21 | bsc-wf.de)* stellst du deine Zielgenauigkeit unter Beweis.

WOHLFÜHLBÜTTEL

Falls dir der Sinn nach Wellness steht: Die Saunalandschaft im *Stadtbad Okeraue* ➤ *S. 84* macht dich ruckzuck fit für neue Abenteuer. Auch im Day-Spa des *Atelier de beauté (Mo–Fr 10–18 Uhr, mit Termin | Harztorwall 20 | Tel. 05331 90 37 90 | atelier-wf.de)* kannst du dich von Kopf bis Fuß verwöhnen lassen. Bemerkenswert ist die große Auswahl an guten Thai-Massage-Salons in Wolfenbüttel!

FESTE & EVENTS

Von Kunst, Kultur und Kulinarik bekommen die Wolfenbütteler nie genug – dementsprechend vielfältig präsentiert sich der Veranstaltungskalender. Allerdings muss eine Stadt, die so viele Gründe zum Feiern findet, irgendwann mit ihren Wochenenden haushalten, weshalb einige Feste im jährlichen Wechsel stattfinden.

MÄRZ/APRIL

Osterfest: Am Karsamstag wird es in der Altstadt traditionell österlich. Von 10 bis 17 Uhr wird gefeiert, gespielt, auf der Hüpfburg getobt, Ostereier bemalt … Natürlich lässt sich auch der Osterhase blicken. *wolfenbuettel.de*

MAI

Lessingfestival: Das Festival zu Ehren des Dramatikers findet alle zwei Jahre statt. An mehreren Orten in der Stadt lädt das Lessingtheater mit Konzerten, Schauspiel, Lesungen usw. zur Auseinandersetzung mit gesellschaftspolitischen Themen ein. *lessingfestival.de*

Maifest: Das große Maifest in der Altstadt mit Street-Food-Festival auf dem Stadtmarkt! Drei Tage lang wird gefeiert, auf mehreren Bühnen spielt Livemusik, auf der Oker gibt's ein Entenrennen. *wolfenbuettel.de*

Gartenzauber im Park: Einmal im Jahr lädt Familie Wätjen Rosenliebhaber und Hobbygärtner in ihren Gutspark im Ortsteil Halchter ein. Über ein Dutzend Aussteller präsentieren Schönes und Praktisches für Garten, Haus und mehr. *gartenzauber-im-park.de*

JULI/AUGUST

KulturSommer: Theater, Konzerte, Kabarett – das bunte Open-Air-Programm in den Sommerferien lockt nicht nur die Wolfenbütteler, sondern auch zahlreiche Besucher in die Stadt. Sommer, Sonne, Kultur! *kultursommer-wf.de*

Kleinkunst mit viel Fantasie auf dem Stadtgrabenfest

Altstadtfest: Alle drei Jahre Mitte August wird ein Wochenende lang die Altstadt gerockt. Es gibt jede Menge Livemusik, Attraktionen für Groß und Klein, es wird getanzt, geschlemmt, getrunken und geklönt. *lessingstadt-wolfenbuettel.de*

SEPTEMBER/OKTOBER

Stadtgrabenfest: Kleinkunstfestival mit Picknickatmosphäre! Am Okerufer wird der Spätsommer gefeiert. Während du im Gras sitzt und in den Picknickkorb greifst, zeigen Stelzenfiguren und Zauberer ihr Können, Artisten schweben elegant durch die Luft, später gibt es eine Lasershow. *lessing stadt-wolfenbuettel.de*

Kulturnacht: Rund 160 Künstler:innen und mehr als 50 Veranstaltungsorte sorgen alle zwei Jahre im September für eine Riesenauswahl an Musik, Theater, Führungen, Lesungen, Tanzdarbietungen usw.

Stadtgrabenlauf: Die wunderbaren Strecken durch die Wallanlagen erfreuen sich wachsender Beliebtheit. Auf 2, 5, 10 und 20 km bringst du die Laufschuhe zum Glühen – die 20 km können auch als Staffel absolviert werden. *mtv-wolfenbuettel.de*

Theaterfest: Theater- und Kulturfans feiern gemeinsam mit einem großen Fest den Beginn eines reich gefüllten Theaterjahres. *lessingtheater-wf.de*

DEZEMBER

Weihnachtsmarkt: Wenn der Glühweinduft ab Ende November über den Stadtmarkt zieht und die Fachwerkhäuser festlich erstrahlen, dann beginnt in Wolfenbüttel die romantischste Zeit des Jahres – und das schon seit 1585! Am 1. Adventswochenende wird es auch im *Wolfenbütteler Schloss* weihnachtlich. *lessing stadt-wolfenbuettel.de*

SCHÖNER SCHLAFEN

ALTEINGESESSEN

Das *Parkhotel Altes Kaffeehaus (75 Zi. | Harztorwall 18 | Tel. 05331 88 80 | parkhotel-wolfenbuettel.de | €€)* ist eine Institution. Restaurant, Sauna, Fitnessraum, Gartenterrasse, dazu die zentrale Lage direkt neben dem Lessingtheater – das Hotel ist ein bisschen plüschig, aber sehr liebenswert! Jeder Übernachtungsgast erhält einen Eintritt ins Stadtbad Okeraue.

INSIDER-TIPP
Schwimmen inklusive!

VOM ZUG ZUM BETT

Das *Designhotel Rilano 24/7 (48 Zi. | Bahnhofstr. 9 | Tel. 05331 9 88 60 | rilano-247-hotel-wolfenbuettel.de | €€)* ist das wohl stylishste Hotel in Wolfenbüttel mit schicken Doppelzimmern zu zivilen Preisen. Es gibt in der Nacht keinen Snackautomaten, leider. Die Corner ist am Empfangstresen zu Rezeptionszeiten geöffnet.

NICHT NUR FÜR JUNG

So geht Jugendherberge im 21. Jh.! Im *Jugendgästehaus (45 Zi. | Am Seeligerpark 1 | Tel. 05331 8 65 70 | jgh-wolfenbuettel.de | €)* schläfst du gut und günstig. Standardzimmer sind mit Stockbetten ausgestattet, in den Premiumzimmern gibt's Boxspringbetten und TV. Alle Zimmer haben ein eigenes Bad. Die Lage im *Seeliger Park*, zwischen Bahnhof und Innenstadt, ist unschlagbar. Das JGH ist Bett-&-Bike-zertifiziert.

HOTEL WALDHAUS

Ankommen und wohlfühlen im Hotel Waldhaus *(20 Zi. | Adersheimer Str. 75 | Tel. 05331 8 55 85 50 | waldhaus-wolfenbuettel.de | €€)*! Anders, als der Name vermuten lässt, sind die Zimmer nicht holzig-urig, sondern hell und modern eingerichtet. Das Hotel liegt etwas außerhalb am Waldrand, der Bus fährt direkt vor der Tür.

Stylish-modern nächtigt man im Designhotel Rilano 24/7

WOHNEN MIT FAMILIEN-ANSCHLUSS!

Hier geht es herzlich zu – Familie Dürkop führt das *Hotel Garni Landhaus Dürkop (30 Zi. | Alter Weg 47 | Tel. 05331 7053 | landhaus-duerkop.de | €€)* mit drei Generationen. Das Haus liegt in einem Wohngebiet und bietet dir gemütliche Zimmer, ein gutes Frühstück, eine Sauna und auf Nachfrage jede Menge Infos für deine Tagesplanung. Ins Stadtzentrum läufst du ca. 10 Minuten. Das Hotel ist für Rollstuhlfahrer geeignet.

WOMO AHOI!

Mitten im Grünen, direkt an der Oker, findest du mit dem *Wohnmobilpark Okeraue (Lange Str. 21 | Tel. 05331 408690 | stadtbad-okeraue.de/wohnmobilpark | €)* einen besonders schönen Stellplatz für deinen Camper. Die großzügigen Parzellen (7 × 10 m) sind mit Stromanschlüssen ausgestattet, sanitäre Anlagen sind vorhanden. Deinen Stellplatz kannst du online oder vor Ort buchen *(Mo–Fr 10–19, Sa–So 10–17.30 Uhr)*.

MIT KINDERN UND HUNDEN

Darf's ein bisschen mehr Platz sein? Im *Alten Gärtnerhof (9 App. | Neuer Weg 46 | Tel. 0173 8768929 | altergaertnerhof.de | €€)* erwarten dich liebevoll eingerichtete Ferienwohnungen. Wo du wohnen möchtest, entscheidest du nach der Ausstattung oder nach deiner Lieblingsblume. Die Appartements tragen nämlich so klangvolle Namen wie *Vergissmeinnicht-Studio* oder *Kornblumen-Wohnung*. Familien (auch samt Familienhund) sind hier richtig: Es können Tischfußball und Tischtennis gespielt werden, für laue Sommerabende gibt es einen Grillplatz und in der Nähe befindet sich der LÖWE-Pfad ➤ *S. 43*.

ERLEBNIS TOUREN

Du hast inzwischen richtig Lust bekommen, Wolfenbüttel und das Nördliche Harzvorland näher kennenzulernen? Die beiden Erlebnistouren zeigen dir unterschiedliche Facetten von Stadt und Region – eins ist aber sicher: Unter Bewegungsmangel wirst du bei beiden nicht leiden.

Auf der ersten Tour verbringst du einen Tag am und auf dem Wasser in Wolfenbüttel, indem du nach einem Stadtspaziergang zu den wichtigsten Sehenswürdigkeiten entlang der Wolfenbütteler Wasserwege selbst aufs Wasser gehst, gemütlich mit dem Kanu über die